講談社選書メチエ

721

実力発揮メソッド

パフォーマンスの心理学

外山美樹

MÉTIER

はじめに

本書は、スポーツ、学業、仕事などさまざまな領域において、パフォーマンスの向上をめざす人たちを対象に書いたものです。

パフォーマンスに関する自己啓発本は、ちまたに溢れかえっていますが、心理学の知見をきちんと踏まえたパフォーマンスに関する一般書は、意外にもほとんどありません。行動の科学は、日々進歩しています。現代は、根性論を掲げて、ひたすらがむしゃらに頑張ってパフォーマンスを伸ばす時代ではなくなりました。本書では、心理学の知見を踏まえたパフォーマンスに関する考え方を紹介していきます。

また、スポーツ、学業、仕事などの領域において、客観的なパフォーマンス（成績など）を向上させることは重要なことですが、それがすべてではありません。人生のさまざまな領域において、自分の可能性に挑戦し、実力を発揮することはそれ以上に大切なことです。

アメリカの著名な心理学者であるウィリアム・ジェイムズは、世界的な権威をもつ科学雑誌である「サイエンス」でこのように述べています。

人間は自分の能力をほとんど使わずに暮らしている。さまざまな能力があるにもかかわらず、ことごとく生かせていない。自分の能力の限界に挑戦することもなく、適当なところで満足して生きている。

人間は誰でもはかりしれない能力を持っているが、その能力を存分に生かし切ることができるのは、ごくひとにぎりの並外れた人々にすぎない。

人にはさまざまな能力があるにもかかわらず、その能力、実力を発揮できずに暮らしているとしたら、なんともまぁ、もったいない話ではないでしょうか。自分の人生は一度きりです。多くの人が、その一度きりの人生を、すこしでも彩りよく生きてほしい。そのような願いから、本書を書き上げました。

第1章から第7章まで全部読んでいただくに越したことはありませんが、多くの章が独立して書かれていますので、まずは読者の関心のある章だけを読んでいただいても構いません。

第1章「目標を設定する」と第2章「目標を実行する」は、目標に関する内容です。優れたパフォーマンスは、「目標を設定する→目標に関連した行動を実行する→目標をクリア（達成）する→新たな目標を設定する……」の繰り返しの営みから生じると言っても過言ではありません。第1章と第2章では、柔軟で現実的な目標を設定するやり方とそれを効率的に実行するやり方について紹介します。

続く第3章「フィードバックしてみる」、第4章「『有能感』をはぐくむ」、第5章「人と比べてみる」では、モチベーションやパフォーマンスに影響を及ぼすさまざまな要因を紹介します。これらの章では、本番で高いパフォーマンスを示すために努力している段階（たとえば練習中）において、特に重要なことを取り挙げています。

また、いくら練習の段階で努力しても、本番でそれを発揮できなければ、今までの苦労が水の泡になってしまいます。私たちは、練習ではあんなにうまくできていたことも、本番ではあがってしまって失敗することがあります。第6章「あがりに対処する」では、あがりの正体を解明し、あがりに打ち勝つための対処法について紹介します。

このように、第1章から第6章まで、パフォーマンスに影響を及ぼすさまざまな要因について、みていきます。しかし、パフォーマンスに及ぼすこれらの影響は、その個人がどのようなタイプなのかといった「個人差」によって、大きく異なります。そこで、最後の第7章「己を知る」では、個人差を取り挙げ、その個人にあったパフォーマンスの高め方について紹介します。

本書を読むことによって、人生をいきいきと生き抜くためのヒントを得られれば誠に幸いです。

実力発揮メソッド◉目次

第7章 己を知る

第1章
目標を設定する

卓越したパフォーマンスを発揮するための第一歩は、目標を設定することです。スポーツの一流選手は、効果的な目標を設定することに労力をかけています。

二〇一九年現在、ＭＬＢのロサンゼルス・エンゼルスに所属し、ピッチャーとバッターを両立する「二刀流」選手として活躍している大谷翔平選手は、高校一年生の時に監督にすすめられて、自分の夢を叶えるための目標達成表（図１－１）を作成しました。大谷翔平選手に才能があることは言うまでもないことですが、その才能を開花させるための努力の一つが目標設定だったのです。

ここではまず、効果的な目標設定のやり方についてみていくことにします。

1　目標を立てる意味

進むべき道

目標を設定することは有益で、目標をしっかり設定していた学生のほうが、学業成績が向上したことが研究で示されています。[1] では、なぜ目標を設定することが高いパフォーマンスにつながるのでしょうか。

まず一つ目に、モチベーションが高まるということです。アメリカの心理学者エドウィン・ロック

体のケア	サプリメントをのむ	FSQ（マシン）90kg	インステップ改善	体幹強化	軸をぶらさない	角度をつける	上からボールをたたく	リストの強化
柔軟性	**体づくり**	RSQ（マシン）130kg	リリースポイントの安定	**コントロール**	不安をなくす	力まない	**キレ**	下半身主導
スタミナ	可動域	食事 夜７杯 朝３杯	下肢の強化	体を開かない	メンタルコントロールをする	ボールを前でリリース	回転数アップ	可動域
はっきりとした目標、目的をもつ	一喜一憂しない	頭は冷静に心は熱く	**体づくり**	**コントロール**	**キレ**	軸でまわる	下肢の強化	体重増加
ピンチに強い	**メンタル**	雰囲気に流されない	**メンタル**	**ドラ1 8球団**	**スピード160km/h**	体幹強化	**スピード160km/h**	肩周りの強化
波をつくらない	勝利への執念	仲間を思いやる心	**人間性**	**運**	**変化球**	可動域	ライナーキャッチボール	ピッチングを増やす
感性	愛される人間	計画性	あいさつ	ゴミ拾い	部屋そうじ	カウントボールを増やす	フォーク完成	スライダーのキレ
思いやり	**人間性**	感謝	道具を大切に使う	**運**	審判さんへの態度	遅く落差のあるカーブ	**変化球**	左打者への決め球
礼儀	信頼される人間	継続力	プラス思考	応援される人間になる	本を読む	ストレートと同じフォームで投げる	ストライクからボールに投げるコントロール	奥行きをイメージ

図1-1　大谷翔平選手が高校時代に作成した目標達成表
（「スポーツニッポン」2013年2月2日配信記事をもとに作成）

は、「人の勉強や仕事に対するモチベーションと行動の違いは、目標の違いに由来する」と述べています。そして、その目標設定のやり方がモチベーションに大きく関わってくるのだと、目標設定の重要性を説いています。

二つ目に、進むべき道を決められるということです。目標を設定することで、現在の状態と理想とする目標との間のギャップを認識します。そのギャップが一種の緊張状態を生み出し、人はその緊張状態を解消しようとする方向、すなわち目標という方向に向かって動き出すと考えられています。たとえば、「体重を五十kgにする」という目標を設定することによって、現在の状態（たとえば「五十八kg」）と理想とする状態（たとえば「五十kg」）との間のギャップ（「あと八kg痩せなくてはいけない」）を意識し、その結果、ダイエットに向けて努力を始めます。あまりモチベーションが湧かない勉強や仕事であっても、何らかの目標が設定されていれば、何とかそこに到達しようと努力するのが人間なのです。

三つ目に、目標はめざすべき方向性を明確にし、必要な努力の程度を調節することにつながります。たとえば営業マンが「さあ、今日も一日頑張るぞ！」と漠然と思うよりも「今日は十件契約をとるぞ！」と目標を掲げる方が、それを達成するための具体的な計画や努力を促進させるでしょう。そして、目標が達成されたときには、達成感や喜び、自信を感じ、さらなる目標達成に向けて動き出すことになります。

このように目標は、行動を方向づけ、努力を増加させ、行動を継続させるためのモチベーションにつながり、ひいては高いパフォーマンスにつながると考えられています。だからと言って、なんでもかんでも目標を設定すればよいという単純な話ではありません。当然、目標設定に失敗し、目標を達成することができなければ、挫折感を味わい、自信を喪失し、モチベーションを高めるどころか、かえって低下させる可能性もあります。そのため、どのような目標をどのように設定すればよいのか、効果的な目標設定が非常に重要になってきます。

それでは、心理学の知見をもとに、どのように目標を設定すればよいのかみていきましょう。

2　目標マップの作成

目標マップを作成してみよう

突然ですが、あなたの目標は何でしょうか。図１－２を参照しながら、あなたの目標をピラミッド形に描いてみましょう。大谷翔平選手が用いた目標達成表でも良いのですが、近年の心理学の研究[2]より、目標は記憶内で階層的な表象構造を形成していると考えられていますので、目標を階層的に捉えるピラミッド形に描くと、視覚的によりわかりやすくなります。

目標表象は上位により包括的な目標（抽象的な目標）があり、その下に下位の目標があり、さらにその下には当該目標を達成するための手段（具体的な目標）が連合していると考えられています。

ここでは、図１－２を目標マップと呼ぶことにします。目標マップは、紙に書くか、パソコンで作成するのが良いです。書くことは思考プロセスを明確にし、願望や抱負を具体化します。まずは、あなたの目標マップを作成してみましょう。

目標の対立が生じた時の対処：

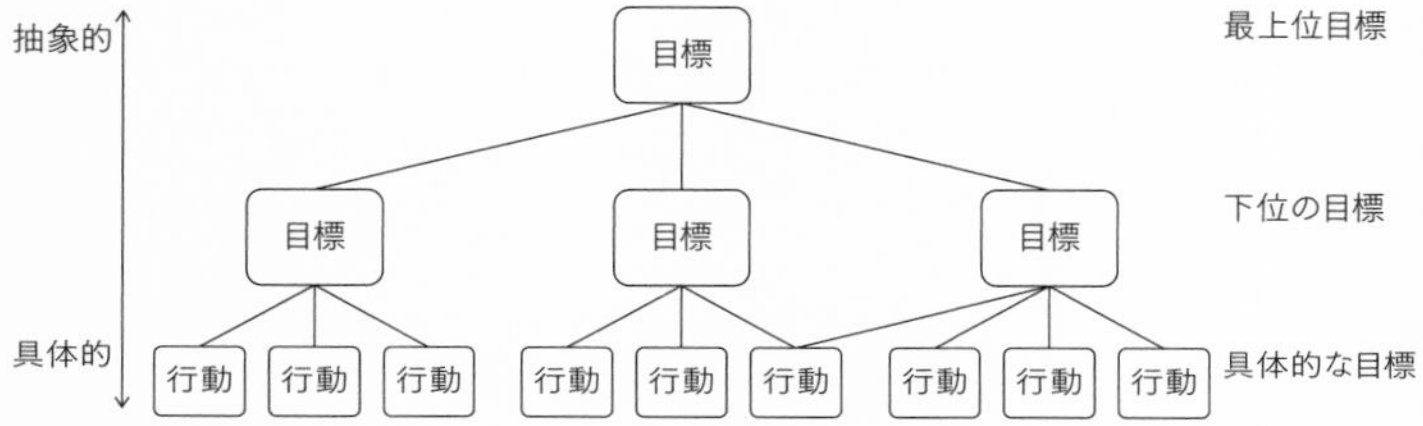

図1-2　目標マップ

あなたの人生哲学は？

一番上に位置する目標は、最上位目標（正確には、「将来目標」や「アスピレーション」）と呼ばれています。どのようなささやかな目標にも、それを大きく支えるものや、夢というものがあるのではないでしょうか。たとえば「良い成績をとる」という目標を設定するのは、「良い大学に入る」という目標の手段であり、さらにそれは「自分の夢である宇宙飛行士になる」という、より大きな目標を支えるものです。

最上位目標は、その人の人生そのもの、人生哲学とでも呼ぶべきものになります。目標を達成するためには、個々の下位の目標をひとつに束ねるもの、すべての目標を貫く最上位目標が必要です。大谷翔平選手の高校時代の最上位目標は、目標達成表（図1－1）の真ん中に書かれている「ドラ1、8球団（ドラフト一位で八球団から指名されること）」となっています。随分とスケールの大きな夢でしたよね。

ここで表1－1をご覧ください。心理学では、最上位目標は、

最上位目標	内容	例
自己成長・受容	精神的成長、自立、自己肯定感を高める	〝人間として成長したい〟 〝より良い人生を生きたい〟
社会的貢献	積極的行動と寛容な精神で世界に貢献する	〝人のことを助けたい〟 〝周りの人を幸せにしたい〟
健康	体力を維持し病気を防ぐ	〝健康でいたい〟 〝長生きしたい〟
親和	家族や友人と充実した関係を維持する	〝家族と良好な関係を築きたい〟 〝恋人と仲良く暮らしたい〟
経済的成功	物質的に豊かな生活を送る	〝お金持ちになりたい〟 〝成功したい〟
社会的承認	有名になり称賛される	〝有名になりたい〟 〝えらくなりたい〟
魅力的外見	容姿、服装、ファッションにおいて魅力的になる	〝きれいになりたい〟 〝魅力的になりたい〟

表1-1　様々な最上位目標

「自己成長・受容」、「社会的貢献」、「健康」、「親和」、「経済的成功」、「社会的承認」そして「魅力的外見」の七つに分類されると考えられています。

あなたの最上位目標は何でしょうか。まずは、この最上位目標を設定したり、気づいたりすることが重要になってきます。何も出てこないと思っている人は、「ダイエットをする」、「良い成績をとる」、「バイトをたくさんする」という下位目標を設定して達成しようとするのは「なぜ」なのかを自分に問いかけてみましょう。きっと「～するため」という答えが見つかり、やがてピラミッドの頂点、すなわち最上位目標にたどり着くはずです。

ちなみに私の最上位目標は、「自分の人生をより良く生きること」（表１‐１によると、「自己成長・受容」）です。自分の人生は幸せだったなぁ、後悔などないなぁとこれまでの人生を振り返り、生涯を終えたいと常日頃胸に刻みながら、下位の目標（「研究者・教育者として心理学という学問や学生に真摯に向き合うこと」「愛する人を大事にすること」）の達成に向けて行動しています。さて、あなたも自分の最上位目標は何なのかをじっくりと考えてみましょう。

心理的対比〜理想と現実

続いて、最上位目標を達成するための下位の目標と具体的な目標を設定しましょう。大谷翔平選手が作成した目標達成表（図1－1）には、最上位目標である「ドラフト一位で八球団から指名される」を叶えるための下位の目標として、そのまわりに「体づくり」「コントロール」「キレ」「メンタル」「スピード160km/h」「人間性」「運」「変化球」の八つが設定されており、さらに、八つの下位の目標を達成するための具体的な目標が、目標達成表の外側にそれぞれ書かれています。

最上位目標がぽつんと浮かんでいるだけで、それを支える下位の目標や具体的な目標がまったく描けないようでは、その最上位目標は目標ではなく空想と呼ぶべきものでしょう。

心理学の研究[3]においても、目標を達成するまでの道のりをしっかりと考えずに、ただバラ色の未来を想像しているだけでは、短期的なプラスの面があったとしても、長期的にはマイナスになることがわかっています。たとえば、「ベストセラー作家になる」という高い目標を掲げることで、短期的には良い気分になれます。しかし、自分がベストセラー作家になることをただ夢見るだけで、それを叶えるための具体的な行動を起こさなければ、長期的には、目標を達成できなかった失望感に苛《さいな》まれることになります。

下位の目標ならびに具体的な目標を設定する上で重要になってくるのは、心理的対比（メンタル・コントラスト）です。心理的対比とは、「望ましい最終的な目標の状態（理想）を思い描き」、「その目標達成を阻む現実的な障害を考える」ことです。つまり、未来のビジョンを描きながら、現在を現実的に評価して対比することです。目標を達成する道のりには、さまざまな障害が待ち構えています。そのため、下位の目標や具体的な目標を設定する際には、目標達成においてどのような障害が待ち受けているのかを把握する必要があります。心理的対比を用いることで、障害に打ち勝つ手段的な目標を同定することにもつながりますし、より現実的で挑戦的な目標を設定することにもつながるでしょう。「ベストセラー作家になる」という目標を達成する道のりの障害を考えることによって、その障害を乗り越える具体的な行動（たとえば「文学賞で入選する」）を考えたり、あるいは、障害を考えることによってその目標が到底叶わない非現実的な目標であることに気づき、もう少し実現可能な現実的な目標（たとえば「作家業で生計を立てられるようになる」）に修正したりすることにつながります。

また、この心理的対比には、「投入する努力の量を調整することができる」という素晴らしい働きもあります。

ここで一つ実験を紹介します。[4] この実験では、実験参加者を「望ましい理想のみを想像させるグループ（甘い見通しグループ）」、「目標達成を阻む障害のみを想像させるグループ（思案グループ）」、「理想と現実を対比させるグループ（心理的対比グループ）」の三つのいずれかに割り当てました。ここでは目標として、実験参加者にとって重要な人間関係における目標を挙げてもらいました。それは、「好きな人と楽しくデートをする」だったり、「パートナーとの良好な関係を築く」だったり、「母親のことを理解する」だったりしました。次に、目標達成の実現性を七段階で評価してもらいました（「1」は全く実現しそうにない、「7」は非常に実現しそうだ、といった具合です）。

そして、甘い見通しグループでは、うまく目標が達成できた場合のポジティブな結果だけを四つ、思案グループでは、目標達成の障害となるネガティブな要因だけを四つ挙げてもらい、心理的対比グループでは、ポジティブな結果とネガティブな要因を二つずつ挙げてもらいました。たとえば、ある人の目標が「好きな人と楽しくデートをする」ことだったとしましょう。目標を達成できた場合のポジティブな結果とは、日曜日の昼下がりに、二人仲良く食事をしている姿を思い描いたり、好きな人の笑顔を想像したりすることです。

逆に、好きな人を目の前にして、気の利いた会話ができない自分の姿や、相手の退屈そうな顔を思い浮かべることが、ネガティブな要因（たとえば、自分の会話スキルの低さ）となります。

ここで、「目標達成の実現性」という用語が出てきましたので、少し説明をします。目標には、達成の実現性が高いものもあれば、達成の実現性が低いものもあります。たとえば、「恋人を作る」という目標は、達成する可能性が高いかもしれませんが、「有名芸能人と交際する」という目標は、達成の可能性が低いかもしれません。そして、目標追求の適応性を考えるならば、目標達成の実現性が高いときには大いに努力をし、実現性が低い目標に対しては、それほど頑張らないことが重要になってきます。

目標達成の実現性が高い目標というのは、自分が頑張れば、実現する可能性が高い目標ですので、不断の努力をしましょう。その目標に向かって、具体的な目標達成行動を行い、是非ともその目標を達成してください。

しかし、目標達成の実現性が低い目標についてはどうでしょうか。実現性が低い目標というのは、自分が頑張っても達成するのが難しい目標です。そうした実現性の低い目標に対して不毛な努力を続けることは、適応的ではないかもしれません。後で述べますが、実現性の低い目標に対しては、それを諦める勇気も必要になってきます。実現性が低い目標にいつまでもしがみついて、無駄な努力を続けるよりも、そのエネルギーを、実現性の高い目標に向けるほうがよほど適応的です（後述しますが、このエネルギーは無限ではないのです）。つまり、目標を追求する際に重要になってくるのは、目標達成の実現性の程度に合わせて、自身の努力の程度を調整することなのです。

さて、実験の内容に話を戻しましょう。実験の結果、心理的対比グループのみ、目標達成の実現性が高いときには、目標に関連した行動を実行し、実現性が低いときは行動しなかったのです。つまり、望ましい結果を描きながら、それを阻む障害（先の例で言うならば、「自分の会話スキルの低さ」）

を考えることをした実験参加者は、自分の目標が頑張れば実現できると確信した時に、その目標に向けての行動を行ったということです。それは、デートに向けて会話の練習をしたり、会話に困らないように雑学を身に着けようとしたりすることだったのかもしれません。目標に関連した行動は人によって異なりますが、心理的対比グループの人は、実現可能性が高い目標に対しては、その目標を達成しようと不断の努力をしました。

ここで重要になってくるのは、心理的対比グループの人たちが、どんな目標に対しても努力をするわけではないということです。この人たちは、目標達成の実現性が低い時には、他の二つのグループよりも、目標達成行動を行わなかったのです。心理的対比グループの人たちは、最も理想的な姿勢——目標達成の実現性が高いときには努力をし、実現性が低いときにはきっぱり諦める——で目標達成に関わっているといえます。

一方で、残りの二つのグループは、実現性の高い目標にも真剣に関わることができず、逆に、実現性のほとんどない目標を断念することもできませんでした。

心理的対比は、目標達成の実現可能性に合わせて、投入する努力の量を調整するような柔軟な目標追求を可能にするのです。

目標間が関連しているか

目標マップの作成が一通り終わりましたら、次は目標同士の関連性を検討してみましょう。まずは、最上位目標と下位の目標、下位の目標と具体的な目標が関連しているか、下位の目標は上位の目標の布石となっているのかを確認します。

関連していない、すなわち、下位の目標が上位の目標の達成を可能にするものでなければ、その目標を設定する意味がありません。たとえば「英語を話せるようになる」という目標を達成するために「毎日、十五分間リスニングをする」という具体的な目標の設定は、上位の目標（ここでは、「英語を話せるようになる」）と関連していますが、「毎日、十五分間運動をする」という具体的な目標の設定は関連していません。関連していない下位の目標は、すぐにでも修正しましょう。

そして、実際に目標を追求する場面において重要なことは、現在取り組んでいるより下位の目標は、その上の目標や最上位目標に近づくための第一歩であることを常に意識することです。具体的な目標（たとえば「きれいになりたい」という目標達成のために「毎日運動する」とか「カロリーの高いものは食べない」）は、往々にしてやりたくないことをやる、あるいはやりたいことをやらない行動です。そうしたストレスのかかる目標を実行するのは、将来の目標を支えるためだと意識することができれば、モチベーションを一時的に高めるだけでなく、そのモチベーションがいつまでも持続するものになっていきます。今、頑張っていることが未来の自分につながると信じることができれば、たとえその道のりが遠くとも、モチベーションを失わずに前に進むことができるものです。

また、同じ階層にある並列の目標同士（たとえば、一つの下位目標ともう一つの下位目標、一つの具体的な目標ともう一つの具体的な目標）が対立していないかどうかを確認することも重要です。対立した目標はストレスや苦しみの元となります。また、対立しているのですから、ある目標の達成が別の目標の達成の障害になるわけです。たとえば、「世界中を旅してまわりたい」という目標と「お金を貯めたい」という目標は対立を生む（世界中旅行することによって、お金を消費することにつながります）ので、そこに葛藤が生じることになります。こうした対立する目標はできるだけ避けましょう。

とはいえ、目標の対立は、人間にとってある程度は避けられないものです。先に述べたように、私の場合は、下位の目標の一つは、「研究者・教育者として心理学という学問や学生に真摯に向き合うこと」ですし、別の下位の目標は、「愛する人を大事にすること」です。しかし、この二つはなかなか同時に達成することは難しいものです。当然ですが、時間や労力は限られています。片方に時間をかければ、おのずともう片方にかける時間は少なくなります。それでも、私にとってこの二つの目標は、どちらも同じくらい重要なのです。このように、対立している目標がアイデンティティに関わる重要な目標である時、よりやっかいになります。

目標間の対立はなく、全体の目標マップとして整合性が保たれていることが理想ですが、重要なことは、目標の対立をあらかじめ予測し、対立が生じた時の対処について考えておくことです。目標の対立が生じた時の対処についても、目標マップに書いておきましょう。対立が生じた時の対処としては、複数の目標の優先順位をあらかじめ考えておき、優先順位が高い目標の達成を目指す、優先順位が低い目標は諦める（「諦める」については、次項で説明します）、複数の目標を同時に達成できる手立てを考え、それを実行する、などが考えられます。全体の目標マップを俯瞰しながら、複数の目標を別個に考えるのではなく関連づけてとらえると、複数の目標が一度に達成できるかできないか、そのまま突き進むべきか、どれかをやめたほうがいいか、判断できるでしょう。

先に例として挙げた「世界中を旅してまわりたい」という目標と「お金を貯めたい」という目標の対立に対処する方法としては、どちらかの目標を諦める、「世界中」を「日本中」に修正する、あるいは、両方の目標をなるべく達成する手立てとして、旅行以外にかけるお金を徹底的に節約する、などが考えられるのではないかと思います。

ちなみに、私の場合ですと、二つの対立する目標を達成できるようにするために、「時間を有効に使うこと」を目標の対立が生じた時の対処として設定しています。私の日々の生活は、限られた時間とエネルギーの配分をめぐっての奮闘だと言っても過言ではありません。

諦める勇気

私たちは日々の生活の中で、さまざまな優先事項や目標のバランスをとらなければなりません。だからこそ、本当にしたいことを明確にする必要があります。そのために、目標マップの作成が必要になるのです。目標の対立に悩みながら、解決するための行動をとることのできない人というのは、最優先すべきことを意識的に選択していないのです。

さて、ここで、あなたが作成した目標マップを再び眺めてください。上位にいくほど、あなたにとって重要な目標となっているはずです（そうでないならば、目標を修正しましょう）。また、並列の目標においても優先順位を決めましょう。優先順位を決めるポイントは、その目標が上位の目標にどれくらい関連があるか、つまり、上位の目標にどれくらい貢献しうるかということです。

そして、自分にとって重要ではない優先順位の低い目標は、思い切って目標マップから除外しましょう。除外した目標には一切関わらないのだという強い意志を持つことも重要かもしれません。また、目標を実行する場面において、目標達成の実現性が低い目標（いくら頑張っても達成できない目標）も目標マップから除外し、実現性の高い代替的な目標に書き換えましょう。

ひたむきな努力は必要です。しかし重要な目標を達成するための「手段」にすぎない下位の目標にまで、不毛な努力を続けても意味がありません。ひとつの目標に集中する「木を見て森を見ず」思考にとらわれていると、結局はすべてを手に入れられないことになってしまいます。ひたむきになると視野が狭くなって、目標を全体的な状況の中でとらえられず、他の大切な目標と関連づけられなくなるからです。

これまで専念してきたことから自分を解放し、負の感情を克服し、新しい目標を見つけて、それに合わせて行動を変えることは、容易なことではないかもしれません。しかし、繰り返し言いますが、時間や労力は決して無限ではありません。より重要な目標に、時間やエネルギーを割くことを考えましょう。

優先順位の低い目標や、ある程度頑張っても達成できない下位目標を諦める勇気を持ちましょう。きっぱり諦める力は、頑張るのと同じくらい重要なスキルです。下位の目標に関しては、臨機応変に切り替えます。そのため、下位の具体的な目標はいつでも修正できるよう、鉛筆書きしておくと良いかもしれません（逆に、最上位目標はサインペンで書きましょう！）。必要に応じて修正したり、削除したり、新しい目標を設定するのです。

これで目標マップが完成しました。目標マップが完成したということは、自分の人生にとって最優先すべき目標は何なのか、その目標を達成するためにはどうすればよいのかの具体的な青写真が描けたことを意味します。

さあ、あとは設定した具体的な目標を実行するのみです。

第2章
目標を実行する

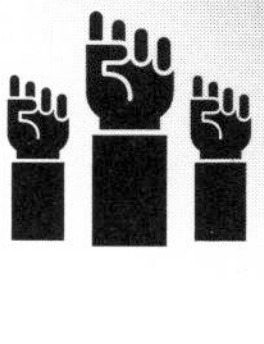

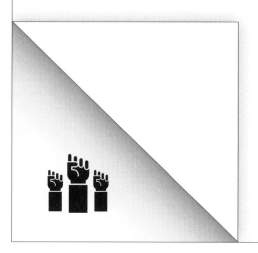

第1章では、目標設定について紹介しました。みなさんは、目標マップの作成を通して、柔軟で実現可能性の高い目標を設定していることだと思います。

ところで、目標を設定しても、なかなか実際の行動に至らないことがあります。それはなぜでしょうか。目標を設定しているのですから、あとはその目標に関連した下位の目標（たとえば、「ダイエットをする」という目標に対して、「毎日三十分運動をする」という行動）を実行すればよいだけの話です。簡単なことではないでしょうか。

おそらく、みなさんはそうは思っていないはずです。ここでは、目標を実行するためのコツについてみていくことにします。

1 意志の力とそれを発揮するエネルギー

やり抜く力

「言うは易く、行うは難《かた》し」ということわざがありますが、ここでは「目標設定は易く、実行は難し」ということになるでしょう。というのは、目標設定から実際の行動に至るまでには、さまざまな障害や誘惑が私たちを待ち構えているからです。ダイエットをするために「毎日三十分運動をする」

という下位目標を設定していても、筋肉痛でその日は運動をしたくないかもしれません。あるいは、友人に飲みに誘われているので、今日くらいは運動をしなくても良いと思っているかもしれません。そもそも運動は嫌いなので、運動なんてしたくないかもしれません。こうした障害や誘惑に負けずに、目標に関連した行動を行うというのが、非常にやっかいなのです。

つまり、目標に関連した行動を実行するためには、自己制御力（短期的な誘惑に負けずに、長期的な目標にそった行動を実行する力）を発揮する必要があります。「やせる」という長期目標を設定していても、おいしそうなケーキを目の前にしてしまうと、私たちは「ケーキを食べたい」という短期的な誘惑に負けてしまいます。「ケーキを食べたい」という短期的な誘惑に負けず、「やせる」という長期的な目標に関連する行動（「カロリーの高いケーキは食べない」、「運動する」）を実行する力である自己制御力というのは、わかりやすく言うと、意志の力ということになります。

人生におけるさまざまなパフォーマンスを左右する本当の問題は、目標と誘惑の葛藤を意志の力で克服することでもあるのです。誘惑に負けず、自らの衝動を抑えて行動を実行するためには、意志の力をふんだんに発揮して意識を高め、弛《たゆ》まぬ努力を続けることが必要となってきます。意志の力は、卓越したパフォーマンスを発揮するためには不可欠なものなのです。

ここで、「マシュマロ実験」と呼ばれる面白い研究[5]を紹介しましょう。スタンフォード大学の心理学者であるウォルター・ミシェルは、一九六〇年代後半から一九七〇年代前半にかけて、幼児を対象にある実験を実施しました。そこでは、実験者が部屋に戻ってくるまで、幼児は一人で椅子に座って待つように言われます。机の上にはお皿があり、マシュマロが一つのっています。このマシュマロが誘惑にあたるもので、実験によっては、クッキーだったりチョコレートだったりします。実験者は「私はちょっと用があるので、出かけてきます。マシュマロはあなたにあげるけれど、私が戻ってくるまで十五分間、食べるのを我慢できたら、マシュマロをもう一つあげるよ。私がいない間にそれを食べたら、もう一つはあげないよ」と言って部屋を出ていきます。

マシュマロというのは、実験の対象となったアメリカの子どもたちの大好物のお菓子です。子どもたちは、大好きなマシュマロを二つ口にしたいため、何とか目の前にあるマシュマロを食べることを我慢しようとしますが、今すぐにおいしいマシュマロを口にしたいという衝動にも駆られます。ここで、意志の力が試されるのです。

さて、最後まで我慢して二つ目のマシュマロを手に入れた子どもは、どのくらいいたのでしょうか。

答えは、三分の一ほどだったそうです。残りの三分の二は、実験者が戻ってくるのを待ちきれず、目の前にあるマシュマロを食べてしまった、つまり誘惑に負けてしまったのです。

この研究の面白いところは、ここからです。一九八八年に追跡調査が実施されました。二十年ほど前に「マシュマロ実験」に参加した子どもたちは、立派な大人になっていたことでしょう。追跡調査ですので、二十年ほど前に、実験者が部屋に戻ってくるまでマシュマロを食べずに我慢した意志の力の強い子どもたちとマシュマロを食べてしまった意志の力の弱い子どもたちが、大人になってから比較されたのです。その結果、マシュマロを食べなかった意志の力の強い子どもたちのほうが、二十年後、多種多様な高いパフォーマンス（大学適性検査の成績、対人関係の良好さ、ストレスへの適切な対処、肥満の少なさなど）を示すことがわかりました。二〇一一年にはさらに追跡調査が行われ、この傾向が生涯のずっと後まで継続していることが明らかにされました。

この実験を行ったミシェルは、知能指数（ＩＱ）の高さよりも意志の力の強さのほうが、将来の様々なパフォーマンスに大きく影響すると結論づけています。

意志は「枯渇」する

先に述べましたように、あらゆる誘惑に負けず、自らを律して目標達成に向けて行動するには、相当の意志力が必要とされます。そして、意志の力を発揮するためには、資源（こころのエネルギーのようなもの）が必要となってきます。

私たちの心が処理することのできる資源の量には限りがあり、それを超えると（心理学では「資源が枯渇する」と表現されます）、パフォーマンスが低下します。どんなに強靭な意志の持ち主であったとしても、また、どんなに意識が高くとも、資源が枯渇してしまえば、目標を達成するために行動を起こすことはできなくなってしまうのです。

ここで、「資源」や「枯渇」といった、わかりにくい用語が出てきましたので、車を人にたとえて説明します。

車が目的地に到着する（目標を達成する）ためには、前に進む力（意志の力）が必要です。そして、前に進むためには、当然ですが、エネルギー（ガソリン）が必要です。この「ガソリン」が資源に相当します。ガソリン（資源）がなくなったら（枯渇したら）、いくらアクセルを力強く踏んづけて、前に進もうとしても（意志の力を発揮しようとしても）走ることはできません。新たに前に進むためには、ガソリン（資源）を補給する必要が出てきます。

人間もこれと同じなのです。意志の力を発揮する資源もガソリンと同じように無限ではなく（心理学では「自我枯渇理論」[6]といいます）、その気になればいくらでも意志力を発揮できるというものではないのです。当たり前のことを言っているように思うかもしれませんが、このことはあまり共有されていない事実です。

カロリーが高いものを食べない、身体の痛みを我慢する、集中力の必要な課題を続ける、怒りを抑える、偏見を示さない、禁酒、禁煙、ダイエット……など、私たちの日常は意志の力が求められる状況に満ち溢れています。どんなに強靱な意志の持ち主であったとしても、意志の力を発揮し続けて資源が枯渇してしまえば、目標を達成するために行動を起こす気力が湧いてきません。それは、あなたの意志の力が弱いのではなく、意志の力を使い切ったため、資源が枯渇している状態なのです。資源が枯渇してしまったら、それを補給するために休憩をとるなど、時間が必要になってきます。

このように、資源は無限ではなく、使いすぎるとしばらくその資源が使えなくなってしまいます。つまり、何でもかんでも意志の力を発揮してしまうと、資源が枯渇した状態になり、意志の力を必要とする場面に遭遇しても、その力を発揮することができなくなります。そのため、私たちはなるべく資源を有効に使う（無駄なものには資源を使わない）ことが求められます。

ここでまた、マシュマロ実験に話を戻しましょう。実験者が部屋に戻ってくるまで、マシュマロを食べずに我慢した子どもたちと我慢できずにマシュマロを食べてしまった子どもたちの違いは、いったい何なのでしょうか。実は、実験者が部屋から出ていった後の子どもたちの行動が、隠しカメラでしっかりと記録されていました。

我慢できずにマシュマロを食べてしまった子どもたちは、マシュマロをじっと眺めていたり、マシュマロに触っていたりしていたそうです。仮にどんなに強靭な意志の持ち主であっても、目の前に誘惑があるのですから、それに抗《あらが》うためには、膨大な資源が必要になるはずです。おそらく、この子どもたちは、誘惑に打ち勝つ意志力に要する資源が枯渇してしまったため、十五分間我慢することができなかったものと思われます。

一方で、マシュマロを食べずに我慢できた子どもたちは、マシュマロが自分の目の前から消える

（！）ように、ぎゅっと目を閉じていたり、後ろを向いたりして、マシュマロから注意を逸《そ》らそうとしていたのです。誘惑が目に入ってこないため、誘惑に打ち勝つための意志力に要する資源がそれほど必要ではなかった（資源が枯渇しなかった）のでしょう。マシュマロを食べずに我慢できるのか我慢できないのかの違いは、誘惑への対処の違いであり、我慢できた子どもたちは、資源を無駄に使わなかったと言えるかもしれません。

何度も言いますが、さまざまな誘惑に負けず、目標達成に向けて行動を起こすには、相当の意志の力が必要になり、つまりは、資源を多く使うことになってしまいます。

では、少しでも資源を無駄に使わないためには、どうしたらよいのでしょうか。「目の前のマシュマロを十五分間食べない」という短期的な目標でしたら、目を閉じるという方法でもうまくいくかもしれませんが、たとえば「十kgやせる」といった長期的な目標に対しては、もう少し戦略的なやり方が必要になってきます。

そこで有効なのが、実行意図の形成です。

2　実行意図

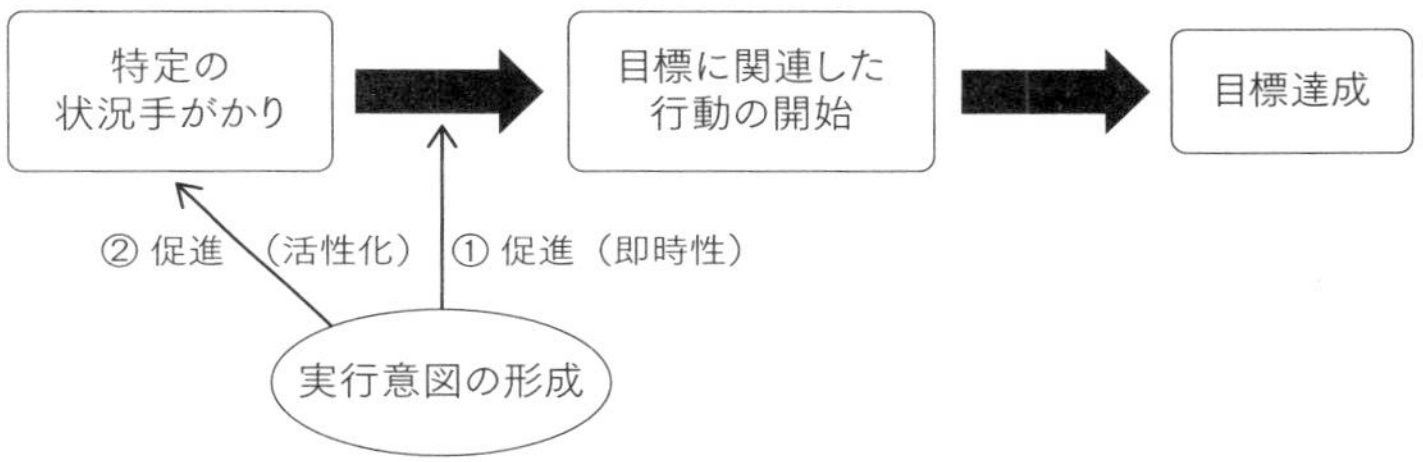

図2-1　実行意図の形成が目標達成に及ぼす影響のメカニズム

手がかりをつくる

ドイツの心理学者ピーター・ゴールウィッツァは、目標意図と実行意図の区別を提案し、目標を達成するためには実行意図が重要であることをさまざまな研究[7]を通して示しています。

目標意図とは、目標Xを達成しようとする意図（たとえば「ダイエットする！」）を指します。これは、目標そのものといえますが、望ましい最終の状態を単に明確化しているだけです。それに対して、実行意図とは、「夕方の十八時になったら、三十分間走るぞ」、「どうしてもお腹がすいたら、甘いお菓子の代わりに納豆を食べよう」といった「もし、状況Yが起きたら、行動Zを実行しよう」のようにif-then形式で計画を立てることです。

何かをしようという目標意図を定めたとしても、それを実行するためには相当な意志の力が必要となるため、結局は行動に結びつかないことが多くあります。たとえば、「宿題をする」という目標を設定するだけでは、なかなか宿題にとりかかることが難しいかもしれません。しかし、「いつ」、「どこで」、「どのようにして」行動するのかといった具体的な手がかりと行動を結ぶ計画、すなわち実行意図を形成する（たとえば、「夕方の十八時になったら、机に向かおう」と心に誓う）ことによって、単にゴールを決める場合（「宿題をする」）に比べて、その目標が達成されやすくなることがさまざまな研究で示されています。

実行意図を形成することによって、その目標に関連した行動が実行されやすくなるのは、こういう理由です。図2－1をご覧ください。

まず一つ目には、実行意図を形成することによって、「〜したら（if要素）」と「○○する（then要素）」の心的リンクが連合しやすいことが挙げられます。簡単に言いますと、特定の状況手がかりに直面すると、目標に関連した行動が即時的に（自動的に）引き起こされるということです（図2－1の①を見てください）。先の例で言うならば、夕方の十八時になったら、「三十分間走る」というのが連合している（結びついている）ため、夕方の十八時になったら、無意識のうちに走るための準備（たとえば、トレーニングウェアに着替える）を始めるということになります。このように、目標に関連した行動（この例では「三十分間走る」）を起こす手がかりとなる状況（この例では「夕方の十八時」）のことを状況手がかりといいます。

実行意図を形成した人は、目標意図のみ形成した人に比べて、目標に関連した行動を行いやすいことが様々な実験で明らかになっています。また、こうしたことは、高い認知的負荷がかけられた状態（たとえば何らかのストレスを抱えた状態）でも見られることがわかっています（これについては、後述します）。

実行意図を形成することによって、目標が達成されやすい理由の二つ目は、そもそも、「〜したら（if要素）」における特定の状況手がかりが意識されやすくなることが挙げられます（図２－１の②を見てください）。たとえば「夕方の十八時になったら、三十分間走るぞ」という実行意図を形成することによって、「夕方の十八時」という状況手がかりが意識されやすくなるのです。

ここで面白い実験[8]を一つ紹介します。そこでは、両耳分離聴《りょうじぶんりちょう》という現象を用いて実験を行っているのですが、ここではわかりやすく簡潔に説明します。

まず、「両耳分離聴」という現象について説明します。左右の耳に異なる音声メッセージを同時に聞かせます。たとえば、右の耳には「赤い風船」、左の耳には「青い鳥」という音声メッセージを流します。その際、右の耳に聞こえてきた文章を後で繰り返してもらうことを述べた後で、右の耳に「赤い風船」、左の耳に「青い鳥」という音声メッセージを同時に流すと、意識を向けていた右の耳に流れてきたメッセージの内容は追唱できるのですが、反対の耳（左の耳）に流れてきたメッセージの内容は、まったくと言っていいほど、聞きとることができないことがわかっています。物理的には聞こえているはずの音声が、注意を向けないと聞こえなくなってしまうのです（この現象につきましては、研究が進んでいますので、興味のある方は専門書をご覧ください）。この現象を「両耳分離聴」といいます。

では、実験の内容に話を戻しましょう。この実験では、この両耳分離聴という現象を使用し、実験参加者に右の耳に注意を向けさせ、右の耳に提示された単語をその通りに発音するという課題を行ってもらいました。その際、注意を向けていない左の耳に、実行意図のif要素として記述された状況手がかりを示す単語（先の例では「夕方の十八時」）を提示すると、課題のパフォーマンスが途端に落ちることがわかりました。関連のない単語（たとえば「うさぎ」）を左の耳に流しても、このような結果は得られません。

このことは、状況手がかりに私たちは無意識に注意を向けていることを示しています。このように、実行意図を形成することによって、状況手がかりが無意識に活性化されやすいのです。では、状況手がかりが無意識に活性化されやすいと、どうなるのでしょうか。一つ目のところで説明しましたように、目標に関連した行動が自動的に行われやすくなり、その結果として、目標達成につながりやすくなるのです。

特定の状況手がかりの活性化と、これらの手がかりと目標に関連した行動の連合（関連づけ）によって、実行意図の形成は、目標達成に効果的な働きをしています。

実行意図のメリット

ここで、実行意図のメリット[9]についてまとめておきます。①については、先ほども述べた部分になります。

①目標に関連した行動の開始を助ける。

「十二月に入ったら、インフルエンザの予防接種に行こう」や「十八時になったら、英会話の練習を始めよう」といった実行意図を形成することによって、ある特定の時期や時間のイベントにおいて、しなければいけない行動を実行させる働きがあります。

心理学の様々な研究より、実行意図の形成は、低カロリーの食事の摂取、リサイクル、運動の従事、エレベーターではなく階段を使うこと、などを始めることに効果があることがわかっています。また、目標の実行に不快な感情が伴う場合（たとえば「四月になったら、内視鏡検査（胃カメラ）を受ける」）においても効果があることがわかっています。

②目標追求からの脱線を防ぐ。

目標を実行するにあたって、さまざまな妨害刺激が存在します。それは、自分の内なる刺激（たとえば、不安や疲労、過重な負担）だったり、外的な刺激（たとえば、誘惑や娯楽）だったりします。実行意図の形成は、こうした目標追求からの脱線を防ぐ働きがあります。

ある研究では、パソコン上で課題をやっている際に、魅惑的な妨害刺激（おもしろそうなビデオクリップ）をパソコン画面の右上に小さく提示しました。課題を進めるためには、その妨害刺激をなるべく見ないようにすることが要求されます。その際、「私は気が散らないようにする」と目標意図を立てた人たちよりも、「気が散るものに直面したら、私は課題に集中する」という実行意図を形成した人たちの方が、魅惑的な妨害刺激に惑わされることなく課題に集中して取り組んでいたことが示されています。私も原稿を書く際にネットで調べ物をしていると、気づいたら原稿とは全く関係がないネットサーフィンに時間を費やしていた、ということがよくありますので、「気が散るものに直面したら、仕事に集中する」という実行意図を形成してから仕事を始めるようにしています（紙に書いてパソコンに貼り付けておくと、より効果的です）。

日々、低いカロリーの食事をとるとか運動をするといった目標は、長期間にわたっての努力を必要とするため、さまざまな誘惑や衝動に負けやすく、目標を実行するのが難しくなります。そのような時に、実行意図の形成が有効になってきます。

③達成できない目標や非効率的な手段を修正する。

実行できそうにない、あるいは、望ましくない目標や手段は、目標への努力を調整したり、時には目標や手段自体を修正したりすることが要求されます。しかし私たちには、その目標や手段に固執することが効果的ではないとわかっていても、一度取り組んだ目標や手段から離れられない習性があります（心理学では「コミットメント過剰」とか「サンクコスト（埋没費用）の呪い」と呼んでいます）。

実行意図の形成は、if-then形式の計画に、代替的な目標に変更すること（たとえば、「十五分間取り組んでできなければ、次の課題に進もう」）や代替的な手段を使うこと（たとえば、「この方法でできなければ、別の方法を使おう」）を組み入れることで、必要以上に最初の目標や手段に固執することを防ぐのです。

④資源の枯渇を防ぐ。

目標（特に下位の目標）というのは、往々にしてやりたいことをやらない、あるいは、やりたくないことをやる行動です。「ダイエットする」ために大好きなケーキを食べないようにするわけですし、「試合に勝つ」ためにやりたくない辛いトレーニングをやらなければいけません。そのため、目標を実行するためには、相当な意志力が必要とされます。しかし、意志の力を発揮するために必要になってくる資源には限界があるため、資源が枯渇してしまうと、やりたいことをやらない、あるいはやりたくないことをやろうとする力が湧いてこなくなってしまいます。

実行意図の形成は、意志の力をほとんど必要としないばかりか、働かせるつもりがなくても自動的に働きます（図2－1参照）。そのため、資源の枯渇を防ぎ、他事に資源を解放できるというメリットがあります。

このように、実行意図の形成が目標追求におけるさまざまな問題（行動を開始できない、誘惑に惑わされる、一つの目標に固執する、資源が枯渇する）を克服するのに役立つのです。

これらの事実の驚くべきことは、たった一度の実行意図の形成（たとえば、心の中で「夕方の十八時になったら、三十分間走る」と決めたり、紙に書いたりする）でそうなることではないでしょうか。是非、実行意図の形成を有効に使って、効率よく目標を達成させましょう。

3 意識と無意識の協働

気づいたら行っていた――活動の自動化

読者のみなさんは、自分の行動が、実は自覚なしに動機づけられていることがあると言ったら、どう思うでしょうか。そんな馬鹿な話はあるはずがないと思うかもしれません。自分が行っている行動は、意識的に合理的な判断に基づいているものだと誰もが信じていることでしょう。

しかし、あなたの生活の細部まで思いを巡らせてみてください。私たちの行動には、自分が意識せずとも、気づいたら行っていたということが数多くあります。食後の「歯磨き」を意識してやっているでしょうか。その手順を意識的に行わなくても、私たちはテレビを見ながら容易に歯を磨くことができます。私が今やっているパソコンのタイピングだってそうです。いちいち意識的に特定のキーを打とうとしなくても、無自覚に、自動的に手や指が動いてくれます。

このように、私たち人間の心には、活動を自動化させることで、意識に頼ることなく高いパフォーマンスを維持することのできる、無意識の力が備わっているのです。

実行意図が有効に働く理由は、それが意識に頼らない自動処理による過程であることに他なりません。実行意図を形成することで特定の状況手がかりが活性化しやすくなるのも、特定の状況手がかりが目標に関連した行動を引き起こすのも、即時的（無意識的）な自動処理によるものです。

現代の心理学では、あらゆる活動において意識と無意識の二つのシステムの働きが想定されるようになってきています。無意識は自動化されているため、意識に比べて負荷が少なく、高い効率性を備えています。仕事が着実なだけでなく、努力もあまり必要としません。

一方で、意識は内省や自覚、意図を伴う分析的で精緻な心理過程なので、意識的な注意を払って課題に取り組めば、より精緻な情報処理が可能になります。しかし、無意識に比べると負荷が大きいため、意志の力を発揮させるのに必要な資源は枯渇し、すぐにパフォーマンスが低下することになります。

意識と無意識のそれぞれの働きにメリットとデメリットがあるのです。

意識と無意識の働きをよく理解し、それを利用することが目標達成につながります。目標の設定には、意識の柔軟性を利用すると良いでしょう。目標マップを作成するような分析的で柔軟性が必要とされる作業は、意識の力が必要です。意識的に熟慮して、効果的な目標を設定する必要があります。一方で、すでに述べたように、その目標を実行する際には相当な努力が必要となるため、意志の力ばかりに頼ることは現実的ではなく、また、無理にそうする必要もありません。ここで活用すべきが無意識の力――実行意図――になります。無意識は意志の力をほとんど必要とせず、自動的に働きます。

パフォーマンスを高めるために意志の力にばかり頼ろうとすると、多大なコストを払うことになり、その状態を維持することは難しくなります。人間の活動の資源は限られています。飛行機のオートパイロット・システムのように、必要なときのみ意識的な意志の力を発揮し、それ以外の部分を自動化させることで、意識の負担を大幅に軽減させることができます。限られた意志の力は、有効に使わないといけません。がむしゃらに意識を高め意志の力に頼ろうとするよりも、無意識の力に活動をゆだね、必要なときにのみ意志の力を使うことが、高いパフォーマンスを維持する鍵となります。

意識の柔軟性と無意識の効率性を協働させることができれば、私たちのパフォーマンスは大幅に向上することになるでしょう。

第3章
フィードバックしてみる

日本のプロゴルファーである松山英樹さん。

日本人最年少マスターズ予選通過者であり（当時十九歳）、アマチュア時代には日本のアマチュアゴルファーとして初めてマスターズの出場権を獲得しました。そして、プロになった一年目には、日本ツアーで史上初のルーキーイヤー賞金王となり、ルーキー最多タイの年間四勝を挙げました。その活躍は国内にとどまらず、二〇一六年のＷＧＣ－ＨＳＢＣチャンピオンズでは、日本人として初めて世界選手権を制しました。

そんな輝かしい経歴の持ち主である松山英樹さんですが、トップのプロゴルファーには珍しく、スウィングコーチをつけていないそうです。周りにいろいろと言われると「そうじゃないんだけどなぁ」と思ってしまって、逆に腹が立ってしまうそうです。

それでは、どのようにして自分のスウィングを評価しているのでしょうか。松山英樹プロは、スマホやデジカメ、ビデオで自分のスウィングを撮影し、それを用いて評価しているそうです。頼りになるのは自分の感覚のみ。撮影した動画に目を凝らし、何度も何度もスウィングをチェックしては、クラブを振り続けています。

自分のパフォーマンスについて得られる情報のことを心理学では「フィードバック」と言います。

この章では、効果的なフィードバックについて考えていきたいと思います。

1　フィードバックとは

諸刃の剣

人のモチベーションやパフォーマンスには、「フィードバック」が大きな影響を与えることが示されています。本番で高いパフォーマンスを発揮するためには、練習中のフィードバックが欠かせないとも言われています。なお、ここでは、フィードバックを受ける人のことを「学習者」と呼ぶことにします。

フィードバックとは、「受け手のパフォーマンスや理解などの側面に関して、エージェント（人や書籍、経験など）から得られる情報[11]」と定義されています。少し難しい表現になってしまいましたが、簡単に言うと、何らかの手段によって学習者に戻される情報のことです。たとえば、松山英樹プロのように、自分のスウィングをビデオにとったものもそうですし、コーチなどに「軸が右に傾いている」と指摘されるのもフィードバックになります。

フィードバックの主な目的は、現在の状態と目標の状態との距離を縮めるための情報を提供することです。学習者はフィードバックの情報を手がかりとして、目標値と現在の結果の誤差を把握し、誤差を減少させるための修正を行いながらスキルを進歩させ、パフォーマンスを向上させていきます。

ここで問題となるのは、どのようなフィードバックでもパフォーマンスに良い効果を及ぼすわけではない、ということです。フィードバックは使い方を誤れば、逆にパフォーマンスを阻害する「諸刃の剣」なのです。

様々なタイプのフィードバック

フィードバックにはいろいろなタイプがあります。フィードバックのタイプを表3－1にまとめましたので、ご覧ください。心理学では主に、パフォーマンスの結果に関するフィードバックに焦点が当てられ、研究が進められてきました。これは、「八十五点だった」、「十㎝オーバーした」、「今のフォームは良かった」といった内容が含まれます。

モチベーションやパフォーマンスに影響を及ぼすフィードバックとしては、その他に、課題遂行のプロセスに関するフィードバックや、目標達成に向けての進捗《しんちょく》に関するフィードバックがあります。「そのやり方は合っているね」、「他のやり方があるよ」といったプロセスに関するフィードバックは、日常場面においても広く見られます。プロセスに関するフィードバックは、結果に関するフィードバックよりも深い学習を促進させるのに効果的であるという指摘もあります。[12]

同じように、目標達成に向けて、今の立ち位置はどれくらいなのか、その進捗状況に関するフィードバックもまた、学習者のモチベーションやパフォーマンスを高めるために欠かせないものです。

その他に、自己調整に関するフィードバックもあります。自己調整とは、他者からの働きかけによる受動的な学習ではなく、自身で主体的に学習過程に関与することです。一人で物事を進めていくには、この自己調整が大事になってくるので、それを鍛えるために、自分の行動をセルフモニタリング（自分の行動が適切であるかどうかを自分自身で評価し、調整すること）できているか等のフィードバックが重要になってきます。

最後に、自己に関するフィードバックは、パフォーマンスには関連しない、その人に対するフィードバックです。研究としては主に、パフォーマンスの結果やプロセスに関するフィードバックの比較

フィードバックのタイプ	内容	例
パフォーマンスの結果に関するフィードバック	どのくらい上手く課題を達成できたか	〝85点だった〟 〝今のフォームは悪かった〟
プロセスに関するフィードバック	課題を遂行するまでの過程に誤りがないか	〝この方法を使うといいよ〟 〝他のやり方があるよ〟
進捗に関するフィードバック	目標達成に向けての進捗（進み具合）がどの程度であるか	〝（目標達成に向けて）今、〇〇進んだよ〟 〝（目標達成まで）あと〇〇だよ〟
自己調整に関するフィードバック	目標達成に向けた行動への関わり方など、受け手自身が行動をモニタリングできているか	〝合っているかどうか確認してみよう〟 〝見直してみよう〟
自己に関するフィードバック	課題のパフォーマンスにほぼ関連しない、個人としての特性について	〝悪い子だね〟 〝すごいね～〟

表3-1　様々なタイプのフィードバック

対象として取り挙げられることが多いです。両者のフィードバックに比べて、自己に関するフィードバックは、モチベーションやパフォーマンスに良い効果を及ぼさないことがわかっています。

本章では、第2節で、パフォーマンスの結果に関するフィードバックについてみていきます。また、第3節で、進捗に関するフィードバックを取り挙げます。

2　効果と危険性

たくさん与えた方がいい？

フィードバックはどれくらいの頻度で、学習者に提示すると効果的なのでしょうか。従来の研究では、フィードバックの頻度を高めることがパフォーマンス（ここでは特に、運動のパフォーマンス）を促進させると考えられてきました。一般的にも、学習者にフィードバックを与える頻度が高いほど、誤差を修正する機会が増えるので、効果があると考えられがちです。

しかし、ある課題を習得した後に、スキルが保持されているのかどうかを調べた最近の研究では、高頻度のフィードバックはむしろパフォーマンスを阻害するという結果が得られています。

たとえば、レバーを腕で操作して目標となる時間的・空間的パターンを再生する課題を用いた研究[13]

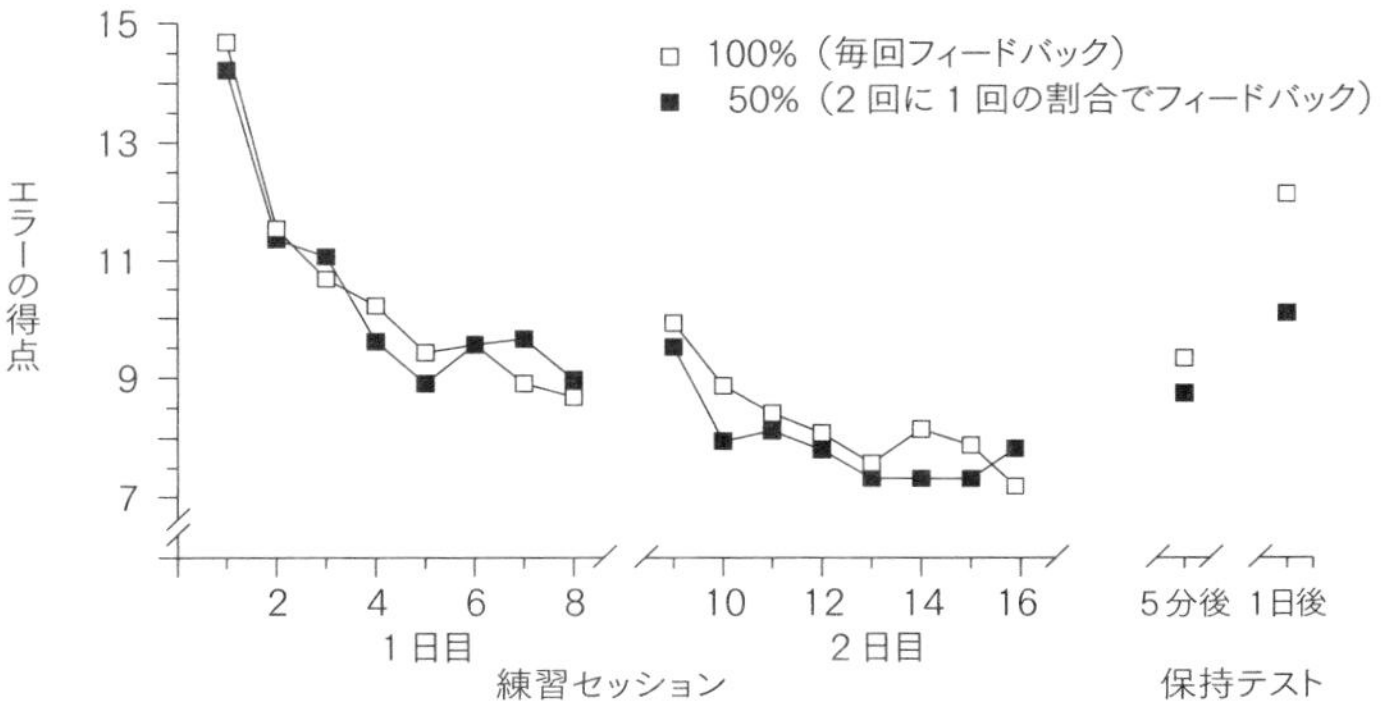

図3-1　フィードバックの割合（100% vs. 50%）のパフォーマンスの比較[13]

では、習得期（練習セッション）に与えるフィードバックの頻度を一〇〇％（毎試行後にフィードバックを与える高頻度条件）と五〇％（二試行に一回の割合でフィードバックを与える低頻度条件）に設定し、保持テストでのパフォーマンスを比較しました。練習セッションではフィードバックが与えられますが、保持テストではフィードバックなしでパフォーマンスを行います。

結果を図３－１に示しましたので、ご覧ください。このグラフでは、縦軸がエラーの得点になっていますので、値が小さいほどパフォーマンスが高いことを示します。また、横軸は時間（時系列）です。

図３－１からわかりますように、練習セッション（第一試行〜第十六試行）では、毎回フィードバックが与えられても、二回に一回の割合でフィードバックが与えられても、両者でパフォーマンスに差は見られませんでした。また、練習セッション直後（最後の練習試行が終わった五分

後）にフィードバックを除去して行われた保持テストでも、両者でパフォーマンスに差は見られませんでした。しかし、一日後に行われたフィードバックを除去した保持テストでは、二回に一回の割合でフィードバックを与えられた五〇％条件のほうが、毎回フィードバックを与えられた一〇〇％条件よりも、パフォーマンスが優れていたことがわかりました。

フィードバックが与えられている時にはパフォーマンスが高くても、フィードバックがなくなった途端にパフォーマンスが低下するようでは意味がありません。本番では、フィードバックを伴わない状況下でパフォーマンスを行わないといけないことがほとんどです。練習中にフィードバックを与えすぎると、本番では逆効果になることもあるのです。

まとめて与えた方がいい？

今度は、「即時で、一回ごとの」フィードバックよりも、「少し遅らせて、まとめた形の」フィードバックのほうが、長い目で見るとパフォーマンスを促進することを示した研究[14]を紹介します。

その研究では、野球のバットでボールを打つ状況を模した器具を作製し、実験参加者のパフォーマンス（ボールを打つときのインパクトの強さと軌道の正確さ）を調べました。このとき、習得期（練習セッション）に与えるフィードバックのやり方として、「毎回フィードバックを与えられる条件」、「五回分の成績をまとめてフィードバックが与えられる条件」、「十回分の成績をまとめてフィードバック

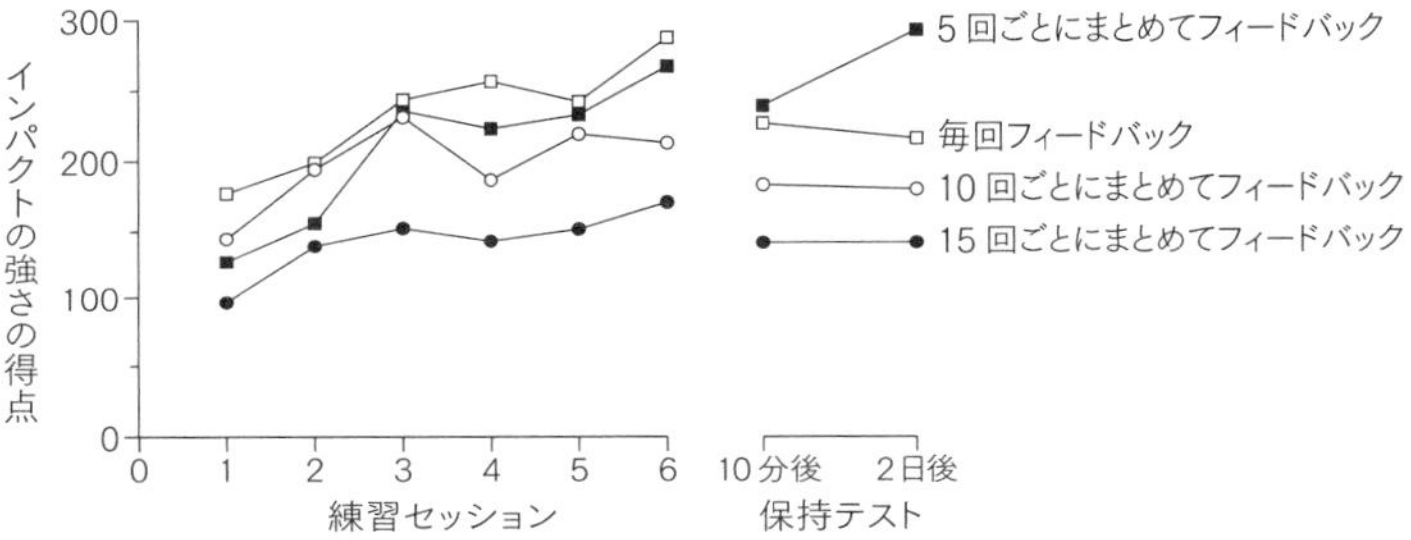

図3-2　毎回フィードバック条件とまとめてフィードバック条件のパフォーマンスの比較[14]

が与えられる条件」、そして「十五回分の成績をまとめてフィードバックが与えられる条件」を設定し、実験参加者をいずれかの条件に割り当てました。フィードバックは、成績を実験参加者にグラフで表示するというやり方を用いました。ここでも、練習セッションではフィードバックが与えられますが、保持テストではフィードバックなしでパフォーマンスを行います。

さて、結果です。図3-2をご覧ください。このグラフでは、値が大きいほどパフォーマンスが高いことを示しています。

図3-2からわかりますように、練習セッション（第一試行〜第六試行）では、四つの条件の中でも、毎回フィードバックを与えられる条件と五回ごとにまとめてフィードバックを与えられる条件が、ともにパフォーマンスが高かったです。その中でも、毎回フィードバックをもらった条件の人のほうが、全体的に成績が良かったです。しかし、二日後に行われたフィードバックを除去した保持テストでは、五回ごとにまとめてフィードバックを与えられた条件のほうが、毎回フィードバックを与えられた条件より

も、パフォーマンスが優れていたことがわかりました。

こうした研究より、頻度の少ない、まとめた形のフィードバックが本番で高いパフォーマンスを収めることがわかっています。十回、十五回ごとにまとめてフィードバックを与えるやり方は、毎回フィードバックを与える場合よりもパフォーマンスは低くなっており、フィードバックはたくさんの情報をまとめすぎても効果がないと言えます。

依存とガイダンス仮説

ここまで、「即時で、高頻度の」フィードバックより、「少し遅らせて、低頻度の、まとめた形の」フィードバックのほうが、フィードバックがなくなってからのパフォーマンスが高いことを紹介してきました。
即時で高頻度のフィードバックが与えられると、フィードバックを伴うスキルの習得期にはパフォーマンスの向上が見られますが、フィードバックがなくなった保持テストではパフォーマンスが大きく低下する現象は、「フィードバック産出依存性」と呼ばれています。
この現象が生じる理由として、「ガイダンス仮説」では、以下のような説明をしています。[15]
フィードバックはスキルの習得において正しい方向へ導いてくれるガイド（手本、指針）となりますが、頻繁にフィードバックが提示されると学習者がそれに依存してしまい、フィードバックが与えられない状況ではパフォーマンスを維持できなくなってしまいます。

本来、学習者は、能動的に内在フィードバック（自身で獲得する情報）を利用して、パフォーマンスの誤差を修正するための情報処理活動を行っています。たとえば、ゴルフのパッティングを行った際に、「今のは、ボールを打つ強さがやや強かったな」と内在フィードバックを行い、「次に打つ時は、今の力の三分の二くらいの力加減で打とう」といった情報処理活動を行います。しかし、頻繁に与えられるフィードバックによって、内在フィードバックを利用して情報処理活動を自ら行う機会が奪われてしまうことになります。その結果として、高頻度のフィードバックが本番でのパフォーマンスを阻害してしまうのです。

フィードバックに依存しないために——自己評価の活用

では、自身の内在フィードバックを利用して、自己のパフォーマンスを評価するような情報処理活動を学習者が意図的に行うことができれば、高頻度のフィードバックはパフォーマンスに対して阻害的に働かないのでしょうか。このことを調べた著者の研究[16]を紹介します。

ここでは習得課題として、ゴルフのパッティングを用いました。打点位置から三ｍ離れた位置を中心として、直径二十、四十、六十、八十、百㎝の同心円を人工芝の上に描き、打ったボールが止まった位置が中心に近いほどパフォーマンス得点が高くなるように設定しました。打点位置の一ｍ前方にスクリーンが置いてあるので、ボールの止まった位置は実験参加者には見えません（スクリーンの下部には、ゴルフボールが通過するのに十分な高さの空間がありました）。

実験参加者は「自己評価有＋毎試行フィードバック条件」「自己評価有＋要約フィードバック条件」「自己評価無＋毎試行フィードバック条件」「自己評価無＋要約フィードバック条件」の四つのいずれかに割り当てられました。

自己評価有条件では、毎試行後に、自分の打ったボールが止まったと予想した位置を、実際の的の縮小図に記入させ、動作フォームの主観的評価の質問項目（「ボールを打つ強さ」などの三項目）に答えてもらいました。自己評価無条件では、そうした自己評価を行わせませんでした。また、毎試行フィードバック条件では、毎試行後にフィードバックが与えられ、要約フィードバック条件では、三試行ごとにまとめてフィードバックが与えられました。フィードバックは、実際の的の縮小図を用いて、どこにボールが止まったのかを示したものを実験参加者に提示しました。

実験は二日連続で行われました。実験一日目は、フィードバックを伴わないプレテスト（十二試行）を行った後、四つの条件に従い練習セッション（十二試行を一セッションとして五セッション）を実施、五分間の休憩を挟んで保持テスト（十二試行）を行いました。実験二日目は、実験一日目の終了の二十四時間後に保持テスト（十二試行）を行いました。保持テストはいずれも、フィードバックは伴いません。

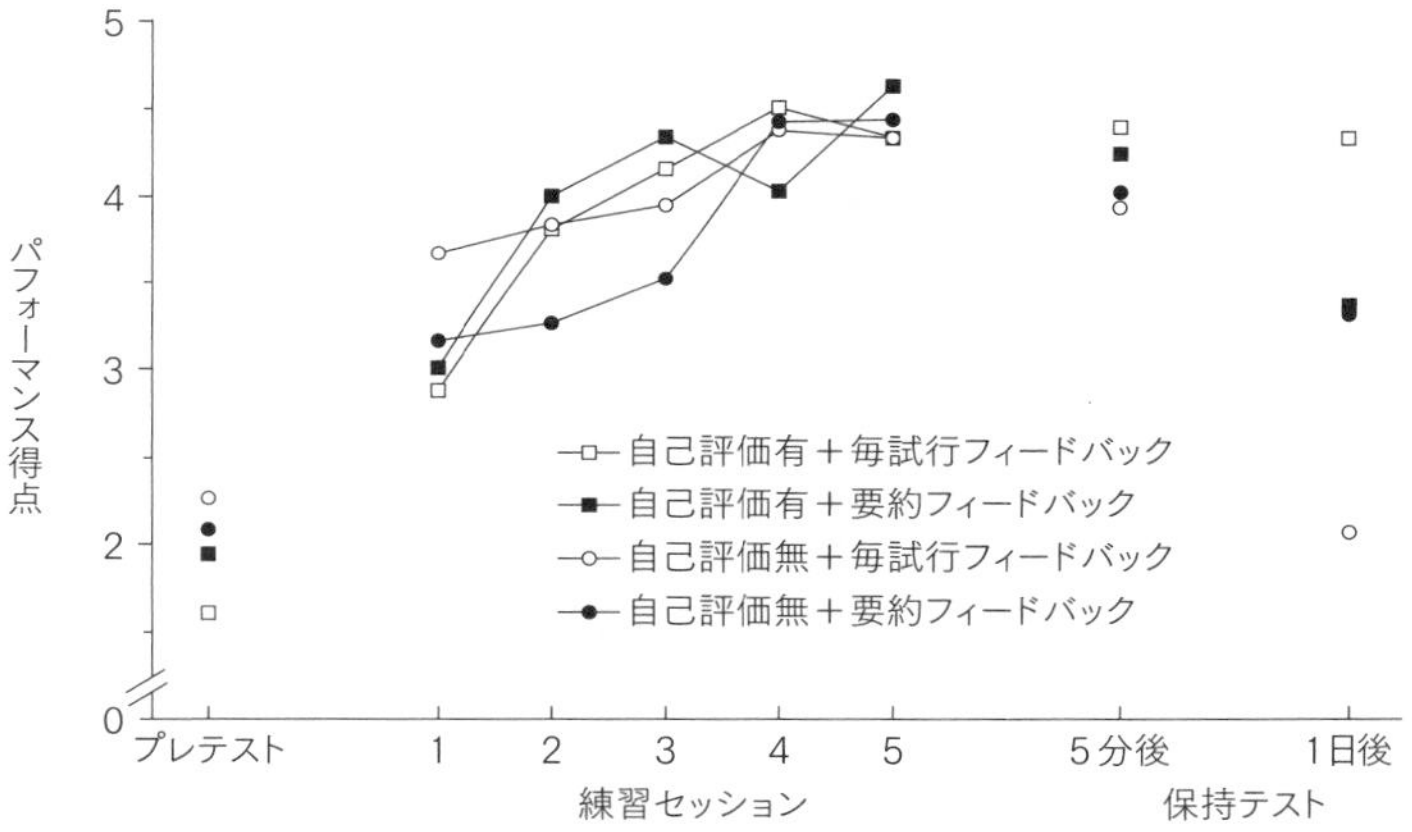

図3-3　各条件におけるパフォーマンス得点[16]

結果を図3－3に示しました。ここでは、縦軸の値が大きいほど、パフォーマンスが高いことを示します。

練習セッションで自己評価をしない条件（図3－3の●と○の結果をご覧ください）においては、高頻度のフィードバックが与えられると、フィードバックが与えられている時はパフォーマンスが向上し、習得直後にはフィードバックなしでもそのパフォーマンスを保持することができますが、時間が経過するとパフォーマンスが低下し、習得したスキルを保持できなくなるというフィードバック産出依存性が見られました。「自己評価無＋毎試行フィードバック条件（○）」の保持テスト（一日後）のパフォーマンスは、習得直後の保持テスト（五分後）と比べて低く、スキルの習得がまだ行われていないプレテストと差がありませんでした。高頻度のフィードバックが与えられると、学習者はフィードバックに頼りすぎてしまい、フィードバックが与えられない状況において必要となる情報処理活動を行わなくなります。そのため、習得から時間が経過すると、習得中に形成された運動の記憶表象が急速に失われ、パフォーマンスが阻害されると考えられます。

一方、自己評価をする条件（図3-3の■と□の結果をご覧ください）においては、フィードバック産出依存性が見られず、高頻度のフィードバックが与えられた毎試行条件（□）のほうが低頻度のフィードバックが与えられた要約条件（■）よりもむしろ、保持テストのパフォーマンスが高くなっていました。高頻度のフィードバックが与えられても、一日経ってからの保持テストのパフォーマンスは高く、習得された運動スキルが定着していることが示されました。自己評価後にフィードバックが毎回与えられると、内在フィードバックと他者から与えられるフィードバックを比較するといった情報処理活動が増えることになり、誤差の検出と運動の修正がより促進され、その結果、形成された運動の記憶表象は安定し、スキルが定着するものと考えられます。

こうした研究より、自己評価を行う場合においては、フィードバックはむしろ高頻度で与えたほうが効果は高いことが示されました。先にも述べましたが、より頻繁に与えられるフィードバックは、学習者の注意をフィードバックに焦点化させ、それに依存してしまう作用があります。そのため、学習者が本来もっている内在フィードバックを利用した自己のパフォーマンス評価を阻害し、学習効果を低下させる恐れがあります。しかし、学習者が主体的に誤差を検出しそれを修正する情報処理活動を行うことによって、フィードバックに依存しすぎたり、内在フィードバックの利用をおろそかにしたりすることなく、パフォーマンスが向上すると考えられます。

私は論文指導を行うときには、学生に毎回フィードバックを行うのですが、論文の書き方のどこに問題があるのかをなるべく学生に考えさせるようなフィードバックを与えることを心がけています。こちらですべてのことを指摘・指導してしまうと、学生は自分で考えようとしなくなるからです。論文作成に慣れている学生ほど、細かなフィードバックを行わず、大雑把なフィードバックを与え（答えを指摘するのではなくヒントを与え）、問題の本質がどこにあるのかをなるべく学生自身に考えさせるようにしています。

3　進捗をフィードバックする

目標達成への「これまで」と「これから」

先に、目標達成に向けての進捗に関するフィードバックが効果的であることを述べましたが、目標達成に関する進捗の捉え方としては、「to-date（これまで）」思考と「to-go（これから）」思考がありま す。たとえば、フルマラソンで二十kmを通過した際に、「これまで、二十km走った」という捉え方

（フィードバック）もあれば、「これから、あと二十二・一九五km走らなければいけない」という捉え方（フィードバック）もあります。十kgの減量を目標としている人が、六kgの減量に成功した際に、「六kg痩せた」という捉え方（フィードバック）もあれば、「あと四kg痩せなければいけない」という捉え方（フィードバック）もあります。

「to-date（これまで）」思考とは、目標達成に関する進捗を捉える時に、「どこまでやり遂げたのか」といった、これまでに進んだ距離に視点を向けるものです。一方で、「to-go（これから）」思考とは、「あとどれだけやらなければいけないのか」といった、目標までの距離に視点を向けるものです。「to-date（これまで）」思考も「to-go（これから）」思考も、目標達成のためにはどちらも重要であるように感じられますが、最終的な状態に到達するために、「これまでに達成したこと」と、「まだ達成していないこと」のどちらに目を向けたほうが、より効果的なのでしょうか。

では、そのことを調べた興味深い実験[17]を紹介することにします。この実験では、大学生に参加してもらいました。大学生に、「あなたは、一週間後に試験を控えており、試験に向けて勉強しているところである」という状況を想像させました。そして、大学生を「to-date（これまで）」条件か「to-go（これから）」条件のいずれかに割り当てました。

「to-date（これまで）」条件においては、図3－4の上の図を示し、「下の矢印は、試験範囲のうち、あなたがすでに勉強した量（割合）を示している」と教示しました。一方で、「to-go（これから）」条

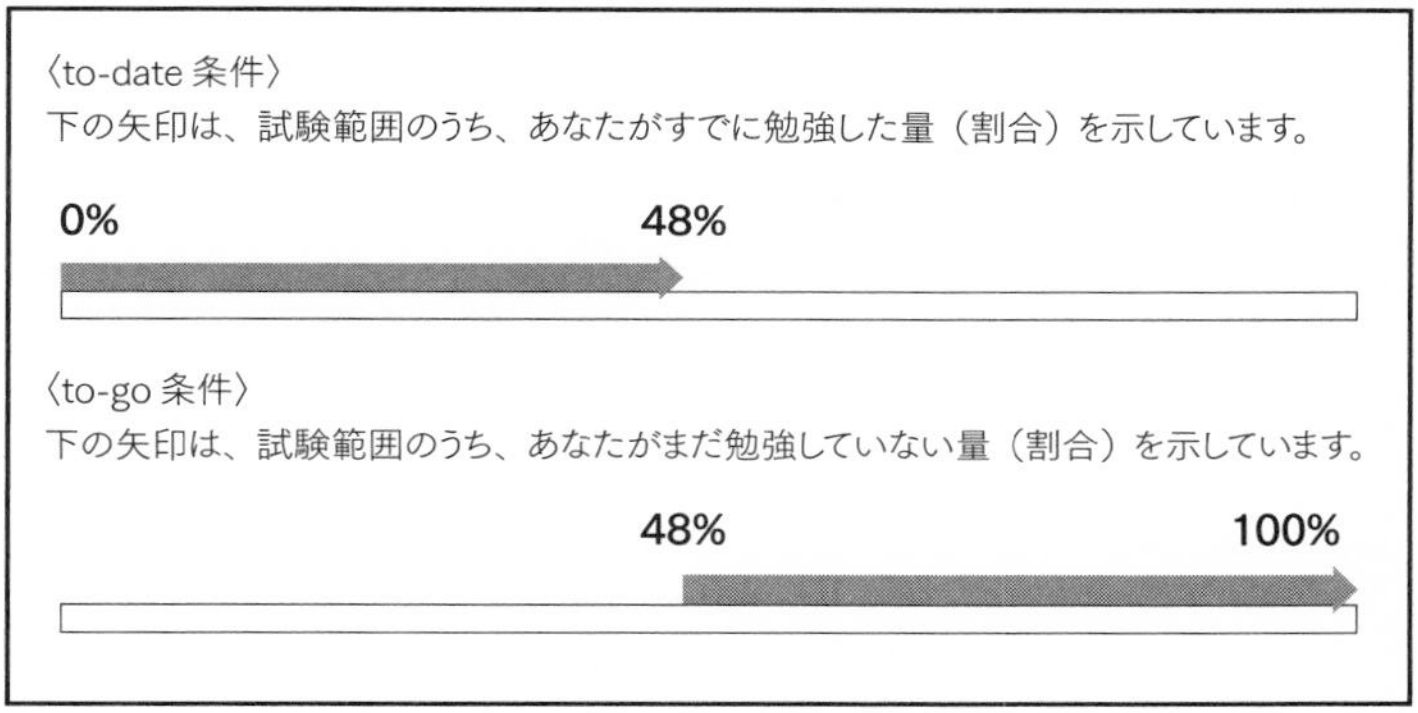
〈to-date 条件〉
下の矢印は、試験範囲のうち、あなたがすでに勉強した量（割合）を示しています。
0%
48%
〈to-go 条件〉
下の矢印は、試験範囲のうち、あなたがまだ勉強していない量（割合）を示しています。
48%
100%

図3-4　「to-date条件」と「to-go条件」で提示した図[17]

件においては、図３－４の下の図を示し、「下の矢印は、試験範囲のうち、あなたがまだ勉強していない量（割合）を示している」と教示しました。

最後に、試験勉強に対するモチベーションとして、試験勉強にこれから費やすであろう時間を大学生に尋ねました。試験勉強に多くの時間を費やすほど、試験勉強に対するモチベーションが高いことを意味します。

さて、お分かりの通り、試験範囲内の勉強をするという目標達成の進捗状況は、「to-date（これまで）」条件でも「to-go（これから）」条件でもほとんど同じです。ただ、「to-date（これまで）」条件では、「すでに四八％終えた」という、これまでに進んだ距離に目を向けさせているのに対して、「to-go（これから）」条件では「あと五二％残っている」という、目標までの距離に目を向けさせています。

では、これを読んでいる皆さんに改めて質問です。「to-date（これまで）」条件と「to-go（これから）」条件では、どちらの方が、大学生の試験勉強に対するモチベーションが高かったと思いますか。

サンクコストの呪い

実は、この実験は、もう一つの条件がありました。それは、一週間後に控えている試験が、必修科目であるのか、それとも、選択科目であるのかという条件です。ここでは、目標（試験範囲の勉強を終わらせること）に対する重要性の程度を変える操作として、必修科目と選択科目を設定したのです。必修科目というのは大学生にとって重要な科目です。必修科目の単位を落とすと、次年度以降に再履修しなければいけません。これに対して、選択科目は、必修科目ほどは重要な科目ではありません。

実験の結果、「to-date（これまで）」条件と「to-go（これから）」条件で、どちらの方がよりモチベーションが高まるのかは、取り組んでいる目標が重要であるかどうかによって変わってくることが明らかとなりました。

まず、目標の重要性が比較的低い場合（ここでは、選択科目の場合）は、「to-date（これまで）」条件の方が「to-go（これから）」条件よりも、試験勉強に対するモチベーションが高くなりました。一方で、目標の重要性が高い場合（ここでは、必修科目の場合）は、逆に、「to-go（これから）」条件の方が「to-date（これまで）」条件よりも、試験勉強に対するモチベーションが高くなりました。

「どこまでやり遂げたのか」に焦点が当たると、私たちは、今やっている目標の重要性を高く捉えるようになることがわかっています。なぜなら、これだけ自分がやってきたのだから、それは重要なことに違いない！　と思うからです。

経済学の分野で、「コンコルド効果」と呼ばれている現象があります。コンコルド効果とは、これまでやってきたことに焦点が当たると、それを続けることが無駄であることが明らかであるにもかかわらず、無駄な経費、時間、労力をかけ続けるという状態のことです。たとえば、これ以上投資を続けても失敗することがわかっているにもかかわらず、これまで投資してきた金額のことを考えてしまうと、私たちは、失ってしまった金額を取り戻そうとして、さらに投資を続けてしまう傾向がありま す。この現象は、別名「サンクコスト（埋没費用）の呪い」と呼ばれていることからも明らかなように、意思決定（たとえば、投資を続けるか否か）のネガティブな側面として捉えられることが多いのですが、これまで成し遂げてきたことに目が向くと、良くも悪くも、私たちは、その目標達成行動を続けてしまう傾向があるのです。

どちらが良いのか？

さて、実験の内容に話を戻しましょう。目標の重要性が比較的低い場合には、目標達成において、その目標の重要性を高めることが、まずは大切になってきます。目標の重要性を感じることができないと、私たちは目標達成に向けて動くことができないからです。そこで、これまで成し遂げてきたことに焦点が当たると、自分がこれまで努力を捧げてきたのだから、その目標は重要であるだろう、と捉えることができます。一方で、まだやり遂げていないところに焦点が当たっても、目標の重要性を高めることにはつながりません。逆に、目標の重要性が下がってしまうことさえあるでしょう。

つまり、目標の重要性が比較的低い場合（ここでは、選択科目の場合）には、これまでやってきたことに目を向けることによって、その目標の重要性が高まり、その結果として目標に対するモチベーションが高まることが考えられます。

一方で、目標の重要性が高い場合（ここでは、必修科目の場合）は、目標の重要性を高める必要はありません（だって、もう十分に重要なのですから）。その場合には、「今の自分の状態」と「自分が望む、好ましい状態」の差異に焦点を当てることが効果的になってきます。その距離が縮まるように、つまりは目標達成できるように、努力をするからです。第1章でも述べたのですが、私たちは、現在の状態と理想とする目標との間のギャップを認識することによって、その緊張状態を解消しようとする方向、すなわち目標達成という方向に向かって動き出すのです。

よって、目標の重要性が高い場合（ここでは、必修科目の場合）には、目標までの距離に目を向けたほうが、モチベーションを高めることにつながります。

「to-date（これまで）」思考と「to-go（これから）」思考で、どちらの方がよりモチベーションが高まるのかは、取り組んでいる目標の重要性によって異なります。そのため、私たちは、学習者が捉えている目標の重要性の程度――つまり、学習者が目標を重要と思っているのか否か――を考慮して、目標達成の進捗具合をフィードバックする必要があります。

やはり諸刃の剣となるフィードバック

第3章では、フィードバックの効用と危険性についてみてきました。フィードバックは、人のモチベーションやパフォーマンスに大きな影響を与えます。フィードバックは、コストのあまりかからないアプローチであるため、使いやすいものです。だからと言って、フィードバックを安易に用いると、学習者に対してネガティブな影響を及ぼすこともあります。

本章の冒頭で述べましたが、もう一度言います。フィードバックは、諸刃の剣なのです。良かれと思って用いたフィードバックによって、逆にパフォーマンスが低下することもあります。どうせ用いるならば、効果的なフィードバックを使用したほうが良いにちがいありません。学習者のモチベーションやパフォーマンスを高めるために、どのような文脈でどのようなフィードバックを与えるとより効果的であるのか、私たちは正しく理解する必要があります。

第4章
「有能感」をはぐくむ

ここに、ＡさんとＢさんがいます（図４－１参照）。ＡさんとＢさんは、高校入学直前まではほとんど同じ学業成績でした。ところが、Ａさんは学業レベルの高い進学校に入学したのに対して、Ｂさんはたまたま高校受験で失敗してしまい、Ａさんとは違った、学業レベルがそれほど高くはない高校に入学することになりました。この時点では、Ａさんの方が良かったように思えるでしょう。

さて数ヵ月後、あるいは数年後、この二人はどうなったのでしょうか？

1　井の中の蛙効果

「鶏口牛後」は本当か

突然ですが、「鶏口となるも、牛後となるなかれ」という格言をご存じでしょうか。これは、一般的には、牛は鶏よりも大きいという観念から、「大きな（優れた）集団の後ろになるよりは、弱小集団でもトップになったほうがよい」というたとえです。

心理学でも、これと似た現象があります。それは「井の中の蛙《かわず》効果」[18]と呼ばれています。心理学では、個人の学業レベルをコントロール（統制）した場合、所属している学校（クラス）の学業レベルが個人の有能感にネガティブな影響を与えるという現象のことを「井の中の蛙効果」と言い、これを

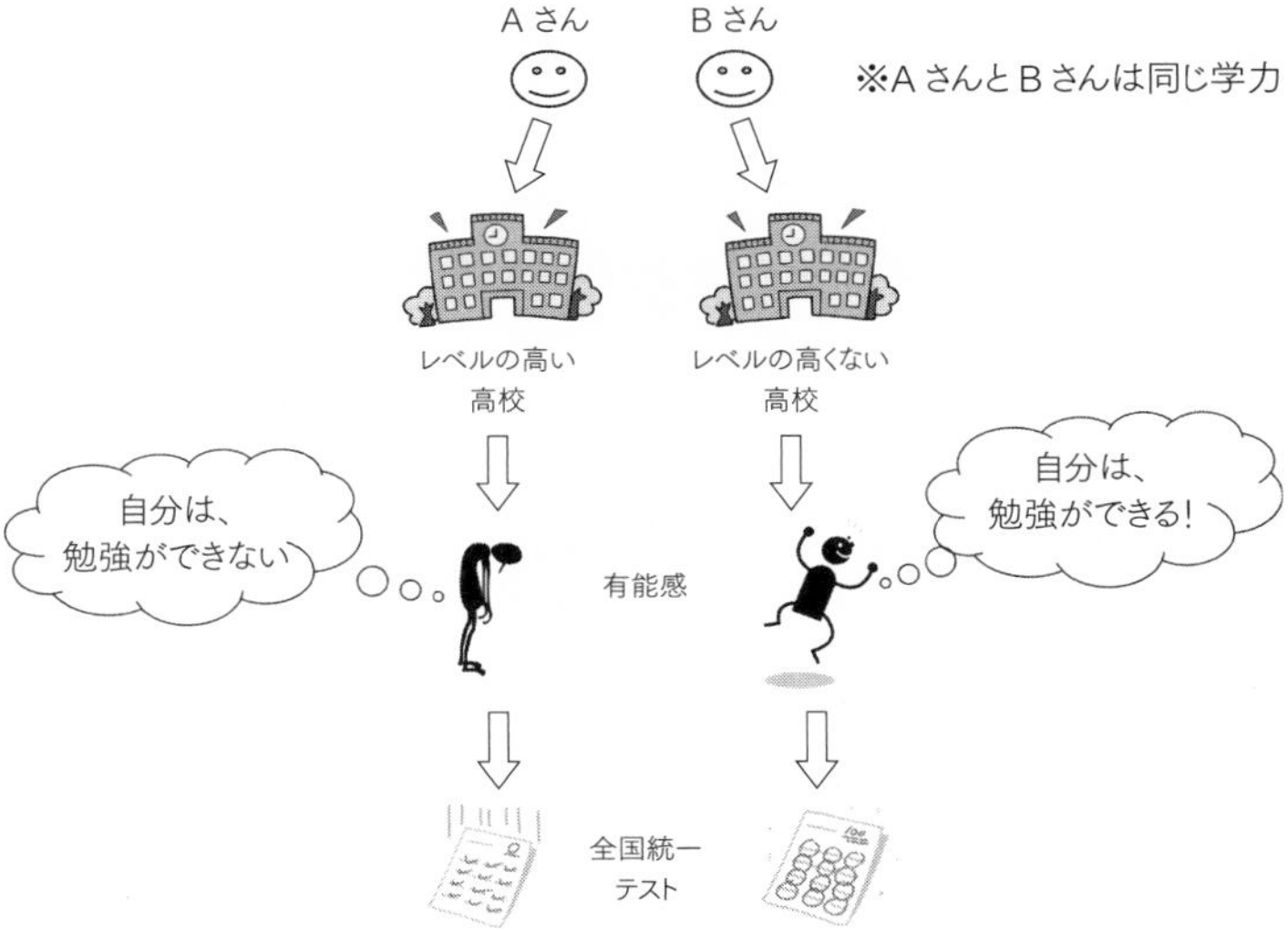

図4-1　「井の中の蛙効果」の具体例

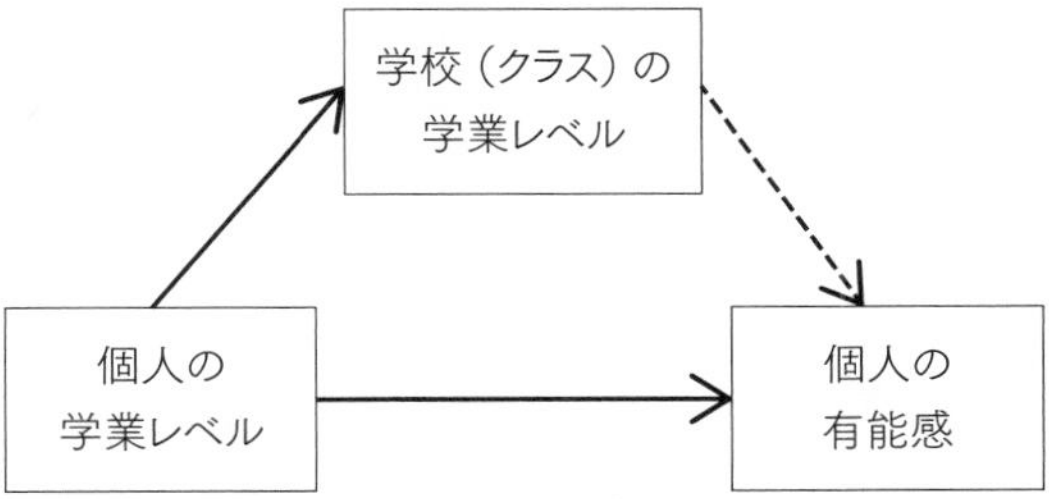

図4-2　「井の中の蛙効果のモデル[18]」
注）実線はポジティブな影響を、破線はネガティブな影響を示す。

図式で表すと、図4－2のようになります。

「コントロール（統制）」という難しい用語が出てきましたので、具体的な例を交えながら説明していくことにします。

Aさんは、よくできる生徒ばかりの高校の中で、優秀な友だちと比較することで、有能感（有能感については、後で詳しく説明しますが、ここでは、自信のようなものと捉えてください）が低下し、勉強に対するモチベーションを失い、最終的には悪い成績しか収めることができなかったのです。

一方のBさんは、あまりできない生徒ばかりの高校の中で、自分よりも学業レベルの低い生徒たちとの比較のために、有能感が高まり、それによって勉強に対するモチベーションが向上し、最終的には、Aさんが受けた同じテスト（全国統一テスト）で、Aさんよりも高い成績を収めることになったのです。

このような、学業レベルの高い集団に属すると、有能感が低下しやすく、逆に、学業レベルの低い集団に属すると、有能感が高まりやすいという現象は、心理学では、「大きな池の小さな蛙になるよりも、小さな池の大きな蛙になったほうがよい」という意味を込めて、「井の中の蛙効果」と呼ばれています。「鶏口となるも、牛後となるなかれ」という格言によく似ています。

こうした現象がいろいろな場面に一貫して見られることが、心理学のさまざまな研究を通して確認されています。[19]

有能感とは

有能感（「コンピテンス」とも呼ばれています）という用語は、心理学の専門用語ですので、少し説明しておきます。

有能感とは「自分は○○ができる」、「自分は○○が得意である」といった○○に対する自信のことです。学業に対する有能感とは、自分は勉強ができる、自分は勉強が得意であるといった勉強に対する自信のことになりますし、スポーツに対する有能感とは、自分はスポーツができる、自分はスポーツが得意であるといったスポーツに対する自信のことになります。

この有能感は、モチベーションと大きな関係があります。それは、「自分は○○ができる」というポジティブな有能感を形成すると、モチベーションが高まり、「自分は○○ができない」というネガティブな有能感を形成すると、自分がいくら頑張っても無駄だと思い、モチベーションが低下するからです。

アメリカの心理学者ロバート・ホワイトは、人間は誰でもこの有能感を感じることによって、次なる行動に向かっていくというモチベーションを持ち続けることができると指摘しています。[20]

有能感は、モチベーションをはじめとする様々な望ましい心理的、行動的結果（パフォーマンスなど）を促進する重要な要因であることがわかっています。そこで、いかに人の有能感を高められるのかが重要になってくるのです。

ネガティブな有能感

では、学業レベルの高い学校やクラスといった優れた人たちの集団に所属したために有能感が低下するという「井の中の蛙効果」を被《こうむ》った人には、どのような影響が生じるのでしょうか。

先にも少し述べましたが、ポジティブな有能感は他の望ましい心理的、行動的結果を促進する重要な要因です。つまり、学業レベルの高い集団（学校やクラス）に所属することで有能感が低下してしまうと、学業に対するモチベーションが低下し、その結果、学業成績が低下する傾向にあるということになります。

たとえば、ある研究[21]によりますと、入学した高校の学業レベルが高くなればなるほど、高校二年生の時と三年生の時の学業に対する有能感が低くなること、学業や職業に関するモチベーションが低くなること、学業に対する努力をしなくなること、そしてテスト（標準化されたテスト）の成績が悪くなることが示されています。

また、学業レベルの高い高校に入学することによって学業に対してさまざまなネガティブな影響が生じることには、学業に対する有能感が媒介していることが明らかになっています。つまり、学業レベルの高い高校に入学することによって、学業に対する有能感が低下し、有能感が低下したことによって、学業に対するさまざまなネガティブな影響（努力をしなくなる、成績が低下する）が生じるという因果関係が確認されたのです。

四年間追跡した研究[22]でも、学業レベルの高い高校に入学することのネガティブな影響は長期間継続すること、そして、時を経るごとにそのネガティブな影響が強まることがわかっています。

西シドニー大学（当時）の心理学者ハーバート・マーシュは、「子どもが小さい頃に抱くネガティブな有能感——つまり、自分は周りと比べて勉強ができないのだと思うこと——は、学業レベルの高い学校に行くことで得られる利益以上に有害となる」と述べています。[21] ネガティブな有能感を形成することで、学業や職業へのモチベーションが低下し、その結果、パフォーマンスの低下を導くからです。

私は大学で心理学を専攻していましたが、大学一年生の頃、数学専攻の大学生に交じって数学の授業を受講していました（私が通っていた大学では、他専攻の授業も自由に受講できました）。というのは、中学・高校の頃は、数学の成績が良く「自分は数学ができる！」と思い込んでいたのです（まさに、井の中の蛙ですね）。数学専攻は、数学に関してエリート中のエリートが集まっている集団で、私は最初のセメスターの授業でひどく悪い成績をとりました。すっかり、数学に対する有能感を失い、次のセメスターで数学の授業を受講することを断念しました。それ以来、「数学が得意である！」とは口が裂けても言えなくなりました（井の中の蛙は大海を知ったのです）。

ところで、「井の中の蛙効果」の現象は、学業場面において研究されることが多いのですが、学業場面に限らず、仕事の場面やスポーツの場面においても当然見られる現象です。周りが有能な人たちばかりであるといったレベルの高い会社や課に所属している人が、よくできる同僚たちとの比較のために有能感が低下し、仕事に対するモチベーションが低下し、その結果、仕事のパフォーマンスが低下するといったことは容易に想像できます。

あるいは、高校まではスポーツの分野で優秀な成績を収めていた生徒が、スポーツのレベルの高い大学に入学することによって、自分よりも優れた選手を目の当たりにすることで有能感が低下し、すっかり意気消沈し、最終的には能力以下の成績しか収めることができなかった（場合によっては、そのスポーツをやめてしまう）という事例もよく見られます。

2　「有能感」はこうつくられる

それでは、この重要というべき有能感はどのように形成されるのでしょうか。ここではわかりやすく説明するために、学業に対する有能感に焦点を当ててお話ししていきます（もちろん、他の場面の有能感も同じです）。

ある人は、「自分は勉強ができる」というポジティブな有能感を形成し、ある人は「自分は勉強ができない」というネガティブな有能感を形成します。この有能感は、どのように形成されるのでしょうか。有能感の形成に影響を及ぼす要因には何があるのでしょうか。

まずは、客観的な学業達成（学業成績など）が影響することが考えられます。学業成績の良い人が「自分は勉強ができる」というポジティブな有能感を抱き、学業成績の悪い人が「自分は勉強ができない」というネガティブな有能感を抱くのは、当然のことのように思えます。しかし、この客観的な学業達成は有能感の形成にいくらかは影響しますが、その影響力は、それほど強くないことがわかっています。[23]

基準は「他者」？

学業に対する有能感には、客観的な学業達成（学業成績など）が影響します。しかし、先に述べた通り、その影響力はあまり強くありません。つまり、仮に全く同じ能力であったとしても、ある人は「自分は勉強ができる」というポジティブな有能感を形成し、ある人は「自分は勉強ができない」というネガティブな有能感を形成することがあります。

一体、それはなぜでしょうか。その答えは、先ほど紹介しました「井の中の蛙効果」の中に隠されています。

有能感の形成には、私たちをとりまく周りの人の影響を多分に受けます。というのは、私たちはたった一人で社会から孤立して生きているわけではありません。私たちはさまざまな社会的相互作用の中で、有形無形の影響を受け、そしていろいろな人と比較をしながら、自分自身を評価、判断し、有能感を形成していきます。

たとえば、学校のテストで八十点をとったとしても、周りの人たちが九十点以上をとっていた場合には、「自分はできない」というネガティブな有能感を形成しやすくなり、周りの人たちが五十点くらいしかとっていない場合には、「自分はできる！」というポジティブな有能感を形成しやすくなるでしょう。

このように、自分がテストでとった点数（客観的な学業達成）は八十点であったとしても、周りの人たちのテストの点数によって、ポジティブな有能感を形成したり、ネガティブな有能感を形成したりするのは、私たちの有能感が、周囲の他者との関係の中でかたちづくられるものであることを物語っています。

本章の冒頭で紹介しました例の場合ですと、Aさんにとっては周りの優れた生徒たちが、Bさんにとっては自分よりもできない生徒たちが、自己評価の判断基準（心理学の専門用語では「準拠枠」[24]といいます）となったために、Aさんはネガティブな有能感を形成し、逆にBさんはポジティブな有能感を形成したのです。

期待するとその通りに――教師期待効果

井の中の蛙効果という現象は、有能感というものが、いかに周りの人の影響を受けて形成されるのかを如実に示しています。私たちは周りの人と無意識のうちにでも比較をしながら、自分の有能感を形成していくのです。

また、有能感の形成には、そのような、当人による比較の他にも、周りの他者（たとえば、教師や指導者、親）からの期待や言葉かけによる直接的な影響も大きいと考えられます。

周囲の期待が人のモチベーションや成果（学業成績やスポーツの成績など）に与える影響は計り知れません。

たとえば、教師が「この子どもは今後、成績が伸びるだろう」と期待をかけることによって、実際に子どもの成績が向上するという事例は決して珍しくありません。このように、特定の子どもに何らかの期待を抱いて接すると、実際にその子どもが期待に沿う方向に変化することを、心理学では教師期待効果（あるいは「ピグマリオン効果」）といいます。まずは、教師期待効果が世に知られることになった有名な実験を紹介します。

この研究[25]では、小学校入学直前の幼稚園児と小学校一～五年生に対して知能検査を実施しました。ところが、その子どもたちの担任教師には将来能力が伸びる子どもを見つけ出す「ハーバード式学習能力予測検査」を実施したと偽りの情報を与え、実際の能力とは無関係にランダムに選ばれた子どもの名簿を提示し、「これらの子どもたちが、将来能力が伸びる子どもたちです」と、これまた偽りの情報を告げたのです。

ところが半年後、同じ子どもたちに対して知能検査を実施したところ、伸びると教師に信じ込まされた子どもたち（実験グループ）は、何も言われなかった子どもたち（統制グループ）よりも、実際に知能指数が伸びていたのです（図4－3参照）。

この実験の結果が発表されるやいなや、心理学界に大きな衝撃が走ったと伝え聞いています。それも無理はないでしょう。期待したらその通りになったという驚くべき結果になったのです。

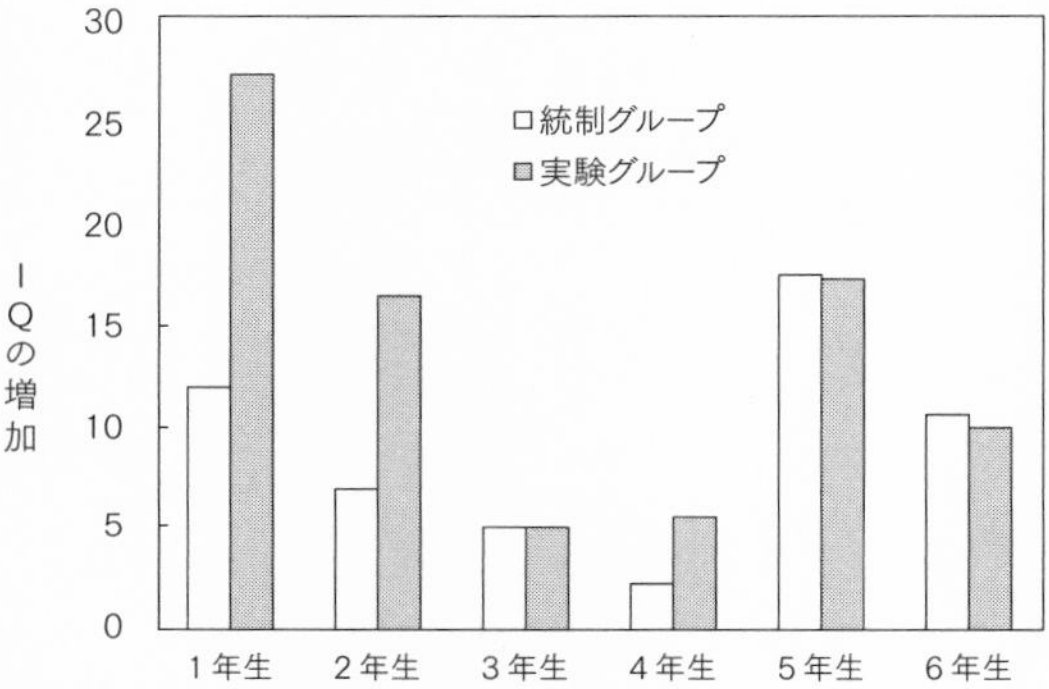

図4-3　教師期待効果によるIQの増加

それでは、なぜこうした教師期待効果が生じるのでしょうか。後の研究によると、教師は期待の高い子どもに対しては、称賛する割合が高く叱責する割合が低い、より多くのほほえみやうなずきを与え視線を向けることが多い、ことなどがわかっています。

逆に期待の低い子どもに対しては、成功をほめなかったり、授業中指名しなかったり、友好的なやりとりをしない傾向が指摘されています。

つまり、暗黙のうちに行う期待に基づいた教師の行動が、子どもの有能感やモチベーションに影響を及ぼし、その結果、子どもの知能検査や学業成績に影響を与えると考えられるのです。

こうした教師期待効果は、必ずしもプラスに働くとは限りません。周りが「この子は何をやってもダメだ」といった予想をすることによって、実際にそうなる可能性だってあるのです（それは「ゴーレム効果」と呼ばれています）。

期待の効果は、何も子どもに限ってみられるものではありません。大人を対象にした研究においても、周りからの期待がその個人のポジティブな有能感の形成に影響を及ぼすことがわかっています。

3　「有能感」を保つ心的作用

自己評価維持モデル

井の中の蛙効果は、優れた人たちと比較すると個人の有能感が低下し、劣った人たちと比較すると個人の有能感が高まることを示していますが、私たちは日々、優れた人や劣った人と意図的に比較しながら、上手にポジティブな有能感を保とうとしているようです。

心理学において「自己評価維持モデル」[26]というモデル（考え方）があります。このモデルは、人間にはポジティブな有能感を維持しようとする働きがあるとの基本前提にたったモデルで、私たちの有能感が、いかに周りの他者との関係の中で形づくられているのかを示しています。

このモデルでは、自己評価（有能感）に関わる要因として三つを取り挙げています。一つ目が、自分と他者との心理的距離（親密性）で、二つ目がその領域における自己関与度（重要性）、三つ目が他者の遂行レベルです。そして、自己関与度の高い領域で心理的距離が近い他者が優れた遂行レベルを示すときに、もっとも有能感に影響を与える（脅威となる）と考えます（図4－4参照）。

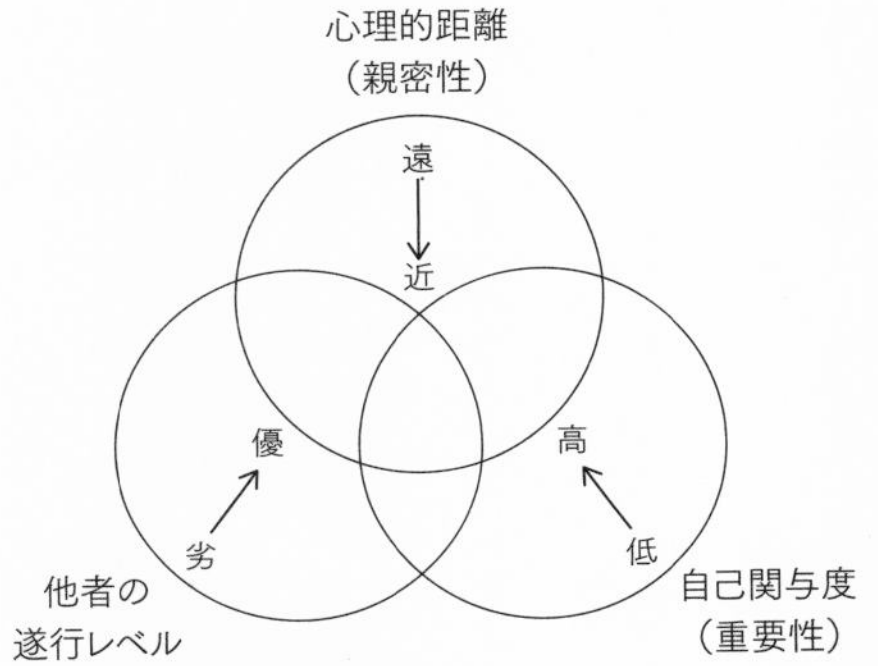

図4-4　自己評価維持モデル
注）円の中心になればなるほど自己評価（有能感）がダメージを受ける（脅威となる）。

たとえば、同じサッカーをやっている親友が、サッカーの試合において優れた成績を収めたり、自分よりも良いプレイをしたりする時に、有能感がダメージを受ける（有能感が低下する）ことになります。

ところが、あまり知らない人の優れたプレイを目の当たりにしても、感心するだけですし、親友が違う競技（たとえば、野球）で優れた成績を収めても、有能感に脅威を与えるどころか、親友の優れたパフォーマンスを自分自身に結びつけて同一視を行うことさえあります。このように、優れた個人や集団を同一視することによって、自分の評価が高まる（あるいは自分の評価を意図的に高める）ことを「栄光浴の効果」といいます。

自分にとって重要な領域で、優れた他者と比較すると、有能感が低下するため、人は自分よりもパフォーマンスが劣る他者と比較することによって、有能感を維持あるいは高めようとします。

そして、有能感が脅かされるような状況のとき、つまり、自己関与度の高い領域で心理的距離が近い他者が優れた遂行レベルを示すときには、他者の成功を実際よりも低く見積もったり（「あいつはたいしたことないさ！」と思う）、成功した他者との心理的距離を遠ざけたり（「あいつとは親友でもなんでもないさ！」と思う）、その領域の重要度を下げたりする（「サッカーなんて重要ではないさ！」と思う）ことで、有能感が低下するのを防ごうとするのです。

このように、有能感は他者の存在によって受動的に形成されるだけでなく、三つの要因（心理的距離、自己関与度、他者の遂行レベル）を能動的にうまく操作しながら、私たちはポジティブな有能感を維持しようとしているのです。

大切な人のポジティブな有能感も大事

さらに近年では、「拡張自己評価維持モデル」[27]と呼ばれる、より複雑なモデルが提唱され、そのモデルの正しさが実証されています。

拡張自己評価維持モデルでは、ごく親密な二者関係（恋人や夫婦など）にある個人は、自分の自己評価（有能感）の維持だけではなく、その相手の自己評価（有能感）の維持も考慮すると考えています。そこで、自己評価（有能感）に関わる要因として、その領域における自己関与度（重要性）、他者の遂行レベル、そして他者関与度を取り挙げました。

新たに加わった「他者関与度」というのは、その親密な他者が当該の領域を重要だと思っているかどうかという個人の認識のことです。拡張自己評価維持モデルでは、この他者関与度も、個人の自己評価（有能感）に影響を及ぼすと考えています。

たとえば、ある人（Cさんとします）がある領域（何かの趣味とか自分の専攻分野とか）で、恋人や夫婦といった親密な他者（Dさんとします）よりも自分の遂行レベルが高かったとします。その時、Cさんが「Dさんは、その領域を重要に思っている」と認識した場合には、Cさんは自分に対してあまりポジティブになれませんが、「Dさんは、その領域を重要には思っていない」と認識した場合には、Cさんは自分に対してポジティブになれるということがわかっています。

その領域に対する相手の重要度が高い場合に、自分のほうが遂行レベルが高いと（つまり、相手の遂行レベルのほうが低いと）、親密な相手の有能感がダメージを受けることを察知します。そのため、自分がポジティブな有能感を抱こうとすることを抑えるのです。確かに、大切な相手が大事だと思っている領域で自分が成功した時に、素直に喜ぶことはあまりないのではないでしょうか。

一方で、その領域に対する相手の重要度が低いと認識した時には、相手に栄光浴の効果が生じることを予期し、相手の自己評価（有能感）が高まることを察知します（相手の有能感が低下するといった、相手にとってネガティブな事態は生じないと認識します）。そのため、相手のその領域に対する重要度が低いと思った場合には、相手より自分のほうが遂行レベルが高くても、自分がポジティブな有能感を抱くのに何ら障害がありませんので、自分に対してよりポジティブに感じられるのだと考えられます。

また、親密な他者のほうが自分よりも遂行レベルが高かった場合には、その遂行領域の他者関与度が高いと、親密な他者がポジティブな有能感を抱くことを察知するので、その遂行領域の他者関与度が低い場合に比べて、自分に対してよりポジティブになることがわかっています。

少し難しい内容になってしまいましたが、それだけ、有能感を保つ心的作用は複雑であるということです。私たちは自分の自己評価（有能感）を維持することだけでなく、より親密な他者の自己評価（有能感）の維持のことも考えながら、うまく調和して生きているのです。

第5章
人と比べてみる

浅田真央さんと舞さんは、フィギュアスケートの選手時代、仲の良い姉妹でありながら最も身近なライバルとして切磋琢磨してきました。最近では姉妹でメディアに登場することも多くなりましたが、ジュニア時代には比べられ続け、当時は会話もしないほどの強い確執があったことをテレビ番組で告白しています。

二人は一緒にスケートを始めたのですが、それは真央さんが五歳で舞さんが七歳の時でした。稀有な才能の持ち主である浅田真央さんのお姉さん。舞さんはそのように言われることも多いのですが、最初に才能を開花させたのはお姉さんである舞さんでした。

今や、真央さんの代名詞でもある「トリプルアクセル」を跳べるようになったのも舞さんのほうが先でした。舞さんは十四歳の時に出場した世界ジュニア選手権で、今でも、成功させている人はほんのわずかしかいない大技「トリプルアクセルのコンビネーション」をプログラムに入れております(残念ながら成功はしておらず、認定はされませんでした)。

幼い頃、真央さんはどんなに頑張っても、舞さんに勝つことができませんでした。しかし、真央さんは、そこでへこたれることなく、自分よりも才能がありスケートが上手な舞さんの背中を見ながら、いつか舞さんを追い越すのだと努力を続けました。

二〇〇四年の全日本ジュニア選手権で真央さん(当時十四歳)が優勝(舞さんは準優勝)したことで、追う側と追われる側の立場が逆転していきました。その頃に、二人の間には大きな溝が生まれたといいます。舞さんは「真央には、いつか抜かれるってわかっていました」と語っています。舞さんはスケートに対するモチベーションを失い、スケートをやめてしまうことになります。

優れた他者の存在によって、真央さんのように俄然やる気が出たり、逆に、舞さんのように自分の不甲斐なさを思い知らされ、意気消沈したりするということがあります。また、こうしたモチベーションがパフォーマンスに大きな影響を与えます。

この章では、他者が個人のモチベーションやパフォーマンスに与える影響についてみていきます。

1　社会的比較とは

第4章で紹介しました「井の中の蛙効果」は、自分が置かれている身の回りの集団と自分を比較することによって生じる現象ですが、第5章では、自分の身の回りの個人と自分を比較することについて取り挙げます。

第4章でも取り挙げましたが、私たちは、たった一人で社会から孤立して生きているのではなく、様々な社会的相互作用の中で、有形無形の影響を受けています。これは、モチベーションやパフォーマンスにおいてもそうです。

心理学では、人と比較することの総称を「社会的比較」といいますが、ここでは、自分と他人を比較する社会的比較が、モチベーションやパフォーマンスに及ぼす影響についてみていくことにします。

比べるとは？

ところで、私たちが誰かと比較しているのかどうかは、どのように調べればわかるのでしょうか。一番簡単な方法は、「あなたは、人と比較しますか？」と直接尋ねることです。しかしこの簡単な方法には、問題があります。その一つとして、答える人が必ずしも正直に答えるわけではないということです。人と比較することをタブー視する文化においては、社会的望ましさの影響が働き、実際は比較している人でも、「比較している」と正直に答えることができない場合があります。

また、この方法では、自分が認識している内容しか答えることができませんので、本人が比較していることに気づいていない場合には、実際には比較をしていても「比較していない」と答えることになるでしょう。

では、どのような方法を用いれば、人が比較しているのかどうかがわかるのでしょうか。ここで、一つ研究[28]を紹介しましょう。この研究は、子どもがいつ頃から他者との比較を行うようになるのかを調べたものですが、先の疑問に答える研究でもあります。

その研究で行われた実験では、幼稚園児、小学校二年生、四年生に対してボール投げゲームを行いました。子どもたちはボール投げを行った後に、その成績（にせの情報）が知らされます。それによって、「自分の成績は一緒にゲームをしている同年齢の友人よりも悪いと知らされる失敗グループ」、「自分の成績は一緒にゲームをしている同年齢の友人よりも良いと思いこまされる成功グループ」、そして「友人の成績を何ら知らされない統制グループ」のいずれかのグループに子どもたちを割り当てました。

そして、子どもたちに、次に同じゲームをもう一度行うときの成績を予想してもらい、ボール投げの能力についての自己評価を尋ねました。この時、もし、子どもたちが自分の成績を友人と比較して自己評価しているならば、失敗グループの子どもたちの成績の予測や能力の自己評価は、統制グループの子どもたちより低くなり、逆に、成功グループの子どもたちの成績予測や自己評価は、統制グループの子どもたちより高くなるという仮説が成り立ちます。

実験の結果、仮説が支持されたのは小学校四年生においてのみでした。幼稚園児と小学校二年生では、失敗グループ、成功グループ、統制グループの間において成績予測や自己評価に差が見られない、つまり、友人との比較に基づいた自己評価を行っていないことが明らかになったのです。こうした知見より、自己評価に基づく社会的比較が可能になるのは、だいたい小学校四年生以降であるといわれています。

友人と比較をしていないならば、自身の自己評価に何ら影響を与えることはないはずですので、相手の情報（ここでは、友人の成績）によって、成績の予測や能力の自己評価が変わるという事実は、人が他者と比較していることの証左となるのです。

スーパースターとの対比

あなたが所属している学校や会社に、自分よりも優れた、俗に言うスーパースターがいたら、あなたはどう思うでしょうか。そのスーパースターと自分の違いに焦点が当たってしまい（心理学では「対比」と言います）、自分の不甲斐なさに意気消沈するでしょうか。それとも、そのようなすごい人が所属している集団に自分もいるのだと思い（心理学では「同化」と言います）、有能感が高まるでしょうか（いわゆる「栄光浴の効果」です）。中には、そのようなすごい人がいても自分には何の影響もない、すなわち、自分はそんな人とは比較しないと答える人がいるかもしれません。

ここで一つ、スーパースターの存在が人にどのような影響をもたらすのかを調べた興味深い調査[29]を紹介します。

その調査では、大学生に、自分と同じ学部の優秀な大学四年生についての新聞記事を読んでもらいました。そこには、その人のすばらしい業績がつらつらと綴られています。強制的に優秀な大学生と自分を比較させられたといえます（本人は比較していることに気づいていないかもしれませんが）。

そして、新聞記事を読んだ後に、「頭がよい」、「有能である」、「野望にあふれている」といったような項目に対して自分がどのくらいあてはまるのかを自己評価してもらいました。

では、結果です。その結果は、調査対象者が大学一年生の場合と、大学四年生の場合とでは大きく異なりました。調査対象者が大学一年生の場合には、優秀な大学四年生の記事を読んだ後に、自分に対する評価が高くなりました。

一方、調査対象者が大学四年生の場合には、自分に対する評価が非常に低くなったのです。

これは一体どういうことなのでしょうか。なぜ、調査対象者が大学一年生の場合と大学四年生の場合では、こうも結果が異なったのでしょうか。

この結果は、つまりはこういうことだと考えられます。ここでの優れた他者というのは、自分と同じ学部に所属する大学四年生でした。つまり、調査対象者が大学四年生の場合は、優れた他者というのがより身近な同級生ということになり、同級生と自分の違い（すなわち、自分の無能さ）に目が向いてしまい（「対比」が生じてしまい）、自己評価が下がるものと考えられます。このように、比較対象となる相手が、自分の境遇に似れば似るほど（第４章で紹介しました自己評価維持モデルでいうならば、心理的距離が近いほど）、自己評価に与えるダメージは大きくなります。

一方、大学一年生においては、自分とその優れた他者を直接比較するというよりは、そのような優れた先輩がいる学部に自分も所属しているのだと思い（「同化」が生じ）、自分も頑張ればその人のようになれるかもしれないという栄光浴の効果（第4章参照）が作用し、自己評価やモチベーションが高まるものと考えられます。

この解釈を裏づけるように、その後に行われたフォローアップ研究では、能力は自分の努力で変えられると信じている大学一年生においては、同様の記事を読んだ後に自己評価が高まりましたが、能力は自分の努力では決して変わらないものだと考えている大学一年生においては、高い自己評価を示しませんでした。

自分より優れた他者を目の当たりにした時でも、自分も頑張ればそのスーパースターのようになれるのだという到達の可能性を感じることができれば、その人の有能感やモチベーションにプラスの影響を与えるといえます。先の大学四年生においては、そのスーパースターのように自分もなれるとは到底思うことができなかったために、自己評価が低下したのだと考えられます。

冒頭で取り挙げた浅田真央さんと舞さんですが、真央さんの場合は、幼い頃には決して勝つことができなかった舞さんに対して、このまま努力を続ければいつかはきっと舞さんを追い越すことができるのだという到達の可能性を強く感じていたのかもしれません。一方で、舞さんは真央さんに試合で負けた時に、この先、フィギュアスケートで真央さんを凌駕することはできないと思ったのかもしれません。

さて、あなたの周りにスーパースターがいたら、あなたは、自分も頑張ればその人のようになれるかもしれないという到達の可能性を感じることができるでしょうか。

強制的な比較、意図的な比較

前にとりあげたスーパースターとの比較によって自己評価が低下する（あるいは高まる）といった現象は、むろん他者との比較の結果生じるものですが、この場合の「他者との比較」というのは、本人の意図にはよらない、いわば強制的な（無意識的な）ものであると考えられます。

つまり、自分の身の周りにいる個人と意図的に比較しようと思って比較した結果ではなく、それが常日頃接している友人だから、知らず知らずのうちに比較させられた結果ともいえるのです。私たちは、意図的に比較しようと思わなくても、身近にいる人とは否応なしに比較する（比較させられる）ものです（比較していることに気づいていないかもしれませんが）。

そのように考えるならば、前の章でとりあげた「井の中の蛙効果」についても、それが常日頃所属している集団だからという理由で、なかば強制的に比較させられた結果であるといえます。

では、そのような強制的な（無意識的な）比較ではなくて、様々な目標に応じて、人が意図的に行っている比較——たとえば、優れた成績をとっている友人のように自分もなりたいと思って、その優れた友人と積極的に比較する——は、モチベーションやパフォーマンスにどのような影響を与えるのでしょうか。

そもそも私たちは、どういった他者と好んで比較をするのでしょうか。こうした意図的な比較と強制的な（無意識的な）比較とでは、その意味合いが全く異なってくるでしょう。では、次からは、意図的な比較についてみていくことにします。

誰と比べる?

アメリカの心理学者レオン・フェスティンガーは、比較する相手としては、自分と類似した他者が好まれると述べています。[30]

というのも、もともと私たちが人と何かを比較する背景には、「自分の意見や能力を評価したい」という、人間としての基本的な欲求があると仮定されています。その際、自分の意見や能力を評価するための物理的・客観的な手段があるときは良いのですが、そういった手段がないときには、他者と比較することによって自己を評価しようとします。フェスティンガーの主張によりますと、社会的比較の欲求は、人間にとって普遍的なものということになります。

さて、この基本前提——人は自分を正しく評価するために誰かと比較する——に従うならば、その相手としては、自分と類似した他者が好まれることになります。自分の能力とはまったくかけ離れた相手と比較しても、正しく自分の評価ができないからです。

ただし、比較する相手として自分と類似した他者が好まれるのは、あくまでも、比較する目的（理由）が自己評価である時に限られます。しかし、私たちは、自己評価する目的（理由）以外にも人と比較することがあります。たとえば、自己高揚する（自己を高める）ために社会的比較が行われることがあります。そのような目的のために比較する時には、自分よりも劣った他者が対象として好まれるでしょう（劣った他者と比べて、優越感に浸る）。

また、自己評価や自己高揚のための比較以外にも、自分の能力を向上させ、他者をしのごうとする自己向上のために比較することもあります。その際には、自分の能力よりもほんのわずかに優れている他者との比較を好むことがわかっています。

このように、社会的比較をする目的（理由）にはさまざまなものがあり、その目的（理由）に応じて、比べる相手も異なってくるのです。

2　比較でパフォーマンスは高まる？

優れたモデルとパフォーマンス

私は中学生の頃、テストの点数や成績を競い合っている男の子がいました（中学生らしく、テストの成績が悪かったほうが良かったほうにジュースをおごるという取り決めをしていました）。彼とは、勝ったり負けたりを繰り返す、まさにライバル的な関係でした（ライバルについては、第7章をご参照ください）。お互いに、負けた時には、「次こそは絶対に負けないぞ～」と切磋琢磨してしのぎを削っていました。

さて、このような意図した社会的比較は、モチベーションやパフォーマンスにどのような影響を与えるのでしょうか。

先に述べましたが、自分よりも優れた他者と比較することを好む人は、その優れた他者をしのごうとする強い自己向上意欲のために比較することが多いため、モチベーションが高まり、その結果、自身のパフォーマンスが向上しやすい傾向にあることが示されています[31]。

たとえば、中学生を対象にした研究[32]において、中学生は自分よりも多少成績が良い友人と自分の成績を比較している傾向にあることが示されています（私もそうでした）。この研究では、中学生に、常日頃、学業成績を比較している友人の名前を尋ねました。そして、その中学生と友人の実際の学業成績（中間試験の成績）をみたところ、比較している友人の学業成績のほうがわずかに高かったのです。

さらに、自分よりも成績が優れている友人と比較している中学生は、自身の成績が向上しやすいことがわかりました。具体的には、自分よりも中間試験の成績が優れている友人と比較していた中学生は、その後の学業成績（期末試験の成績）がぐんと伸びることがわかったのです。

自分よりも成績が優れている友人と比較している人は、優れた友人を良いモデル（手本）として、自分もその友人のようになりたいと奮起し、頑張り続けることができ、その結果として自身のパフォーマンスが向上するのでしょう。このように、優れた他者との比較は、いろいろな行動におけるモチベーションを高める役割を果たすと考えられています。

逆に、自分よりも劣った他者と意図的に比較することを好む人は、自分がなにかしらの成長をしたいと思って比較をしているというよりは、傷ついた自尊心を守りたいとか、あるいは優越感を得たいといった消極的な（自己高揚的な）理由で比較していることが多いため、モチベーションが高まることはなく、よって、パフォーマンスは向上しないと言われています（ただし、傷ついた自尊心は守られることになります）[33]。

このように、意図的に自分よりも優れた他者と比較することは、比較する他者をしのごうとする自己向上意欲が作用したり、比較する他者の存在が自分を鼓舞し向上しようとするモチベーションを促進させたりするために、パフォーマンスに対して良い影響がみられるといわれています。

努力するか、回避するか

では、優れた他者と比較をすれば、誰でもパフォーマンスが向上するのでしょうか。答えは「no」です。そのような単純な話ではありません。人によっては、優れた他者と比較することによって、意気消沈に至りモチベーションが低下し、その結果、パフォーマンスが低下することも考えられます。

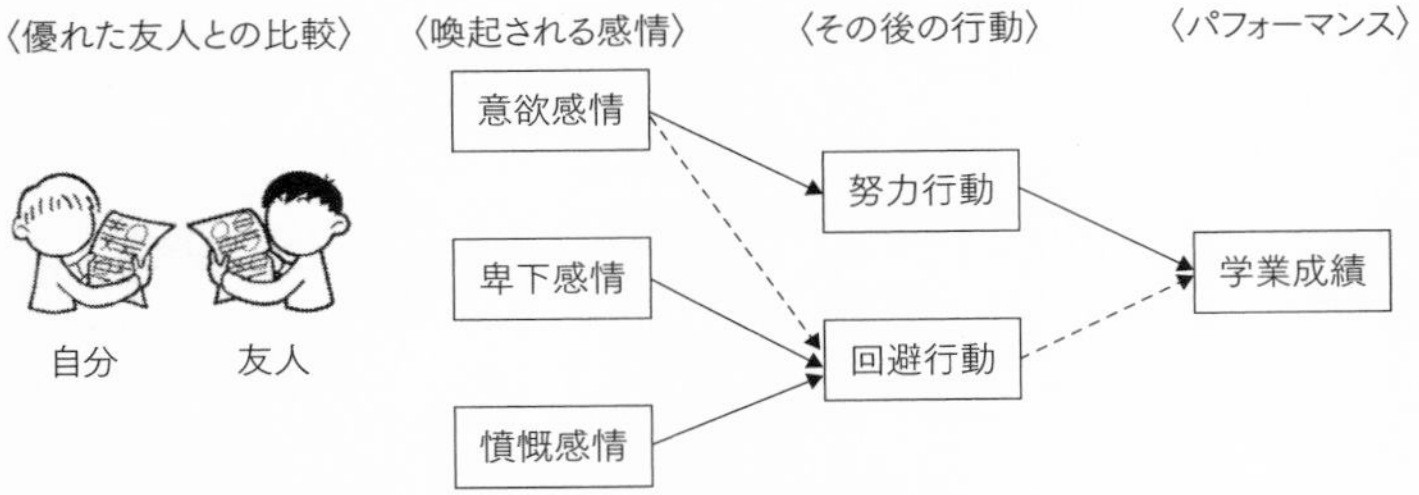

図5-1　優れた友人との比較が学業成績に及ぼす影響
注）実線はポジティブな影響を、破線はネガティブな影響を示す。

実際に、優れた友人との比較が、子どもの学業達成にネガティブな影響を与えることを見いだした研究[34]もあります。

　このように、優れた他者との比較の影響は一様ではなく、モチベーションやパフォーマンスにネガティブに働くこともあるようです。優れた他者との比較は、適応的な結果と不適応的な結果の両方を備えもち、複雑な恩恵をもっているといえます。

　では、どのような場合に、優れた他者との比較がパフォーマンスにポジティブに影響し、逆に、どのような場合に、優れた他者との比較がパフォーマンスにネガティブに影響するのでしょうか。

　そのことを調べた著者の研究[35]を紹介します。その研究では、優れた友人との比較には、パフォーマンス（学業成績）の向上に結びつくプロセスと、逆にパフォーマンスの低下につながるプロセスの両者があることがわかりました（図5-1参照）。また、両者をつなぐプロセスには、比較に伴う感情と、その後に行われる行動が関わっていることがわかりました。

　具体的には、自分よりも学業成績が優れた友人との比較を行った際に「もっと頑張ろう」とか「相手に負けたくない」といった意欲感情が喚起されると、学習活動に対する努力行動へとつながり、その結果、パフォーマンスの高さにつながるというプロセスが見られました。

一方、優れた友人と比較を行った結果、ネガティブな感情（「落ち込む」といった卑下感情、「相手がにくらしい」といった憤慨感情）が喚起されると、学習活動に対する回避行動が行われやすく、その結果、パフォーマンスの低さに導くというプロセスが確認されました。

このように、比較が行われる際に伴う感情とその後の行動によって、優れた友人との比較がパフォーマンスに対してポジティブな影響を及ぼすのか、それともネガティブな影響を及ぼすのかが異なってくるようです。

3　有能感によって変わる比較の効果

鍵を握る有能感

これまで述べてきましたように、自分よりも優れた他者と比較することには、ポジティブな影響とネガティブな影響の両者があります。どちらの影響が色濃く反映されるのかは、その人が形成している有能感（第4章を参照）によって違ってくることがわかっています。

ここで著者が行った研究[36]を紹介します。この研究では、先に紹介しました研究[32]同様に、中学生に、常日頃、学業成績を比較している友人の名前を尋ねました。そして、その中学生と友人の実際の学業成績（ここでは、数学の学業成績）をみたところ、比較している友人の学業成績のほうがわずかに高いことがわかりました。やはり私たち（少なくとも中学生）は、能力やパフォーマンスを比較する際には、自分よりわずかに優れた人との比較を好むようです。

さらに、この研究では、中学生の数学の勉強における有能感（たとえば、「自分は数学ができる」といった内容）を尋ね、それら有能感と友人の存在が、中学生の学業成績の変化にどのような影響を及ぼすのかをみてみました。

結果が図5－2に示されています。縦軸は数学の学業成績の変化になります。この調査では、期末試験と中間試験のテストの点数を用いて、中学生の学業成績がどのように変化するのかをみたのです。

縦軸の得点が「0」というのは、中間試験と期末試験において、数学の学業成績に変化がみられなかったことを示します。縦軸の点数が正の値をとっていれば、期末試験での数学の成績が中間試験よりも向上したことを示し、さらにこの数値が大きくなればなるほど、より向上したことを意味します。逆に、この値が負の値をとっていれば、期末試験での数学の成績が中間試験よりも低下したことを示し、さらに数値（絶対値）が大きくなればなるほど、より低下したことを示します。

図５－２をみますと、「自分は数学ができるのだ」といった数学の勉強における有能感が高い中学生（図５－２では、実線で示されています）は、比較している友人の学業成績が高いほど、自身の学業成績が向上することがわかりました。

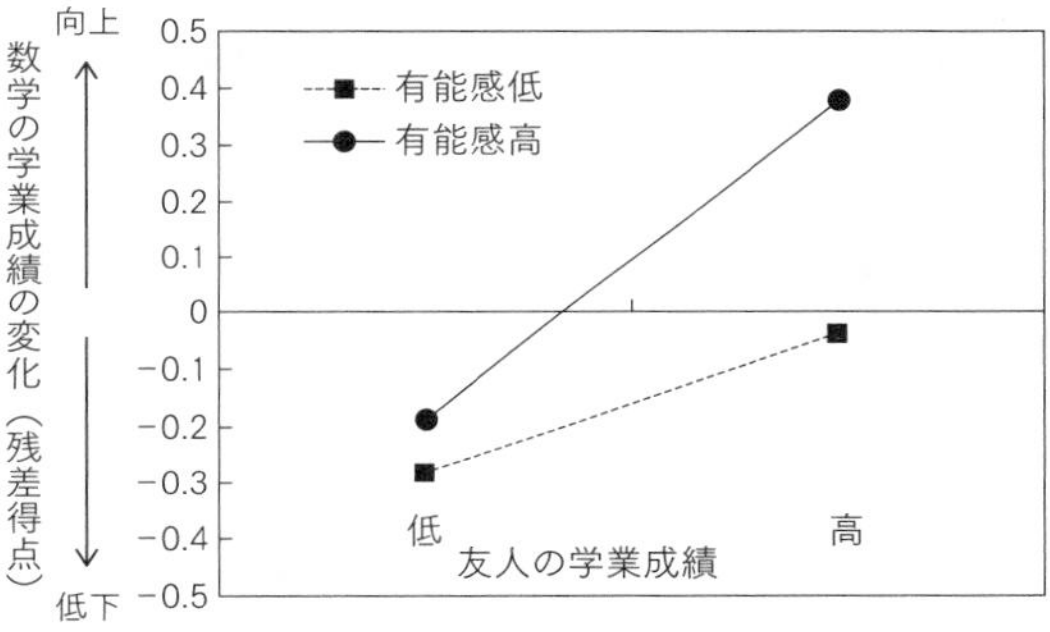

図5-2　学業に対する有能感および友人の学業成績の高低による予測される数学の学業成績の変化[36]

一方で、数学の勉強における有能感が低い中学生（図５－２では、破線で示されています）は、いくら優れた友人と比較していても、学業成績の向上が見られませんでした。

この研究より、自分よりも優れた友人と比較することによって学業成績（パフォーマンス）の向上がみられるのは、有能感が高い人に限られる、ということがわかりました。

おそらく、有能感は、優れた他者と比較した際に喚起される感情（図５－１参照）を規定する要因であると考えられます。優れた他者と比較した際に、有能感が高い人は、意欲感情が喚起されやすく、有能感が低い人は、卑下感情や憤慨感情を抱きやすいということでしょう。

自分よりも優れた他者と比較することでパフォーマンスを高めることができるのかどうかは、一つには有能感が鍵を握っているといえるでしょう。いくら優れた友人と比較をしていても、自分に自信がなければ、モチベーションやパフォーマンスにポジティブな影響は及ぼしません。そういう意味でも、ポジティブな有能感の形成が重要になってくるのです。

遂行比較と学習比較

では、有能感が低い人は、友人と比較をしてもポジティブな影響は何ひとつ得られないのでしょうか。ここでまた一つ、著者が行った研究[37]を紹介します。この研究では、社会的比較の内容として、学業成績やテストの点数など、学業的遂行の結果を友人と比較する「遂行比較」と、学習自体（たとえば、勉強方法）や理解度を友人と比較する「学習比較」の二つに分け、それらの社会的比較がパフォーマンス（学業成績）の向上に及ぼす影響について検討しました。

私たちが比較するのは、なにもパフォーマンスの結果ばかりではありません。友人がどのようにして勉強（トレーニング）をしているのか、どのような方略を用いてテスト勉強（練習）をしているのかといった学習自体を比較することも、学習やスポーツの場面では多く見られます。そこで、こうした学習比較の影響も検討することにしました。また、この研究では数学の学業成績だけではなく、国語の学業成績においても検討しました。

さて、結果です。まず、数学の教科においては、先に紹介しました研究[36]の結果と同様、遂行比較がパフォーマンスの向上にプラスの影響を及ぼすのは、その個人の学業に対する有能感が高い場合に限られ、自身の有能感が低ければ、パフォーマンスの向上は見られないということが示されました。その人の有能感が高ければ、学業成績やテストの点数など学業的遂行の結果を友人と比較する人ほど、学業成績が向上するのです。

ちなみに、学習比較においては、このような効果が見られませんでした。つまり、数学の教科においては、有能感の高い中学生も低い中学生も、学習比較を行っても数学の成績は変化していませんでした。

次に、国語の教科についての結果です。図5－3をご覧ください。有能感が低い子ども（図5－3では、破線で示されています）のうち、学習比較をあまり行わない子どもは学業成績が低下するのに対して、学習比較を行う子どもは学業成績の向上が見られるという、有能感と学習比較の相互作用的な影響が見られることが示されました。

国語の教科においては、学習に対して自信がない子どもであっても、勉強の方法や理解度を周りの友だちと比較することによってパフォーマンスの向上が見られるということになります。

ちなみに、国語の教科では、遂行比較は、何の効果も見られませんでした。つまり、有能感の高い

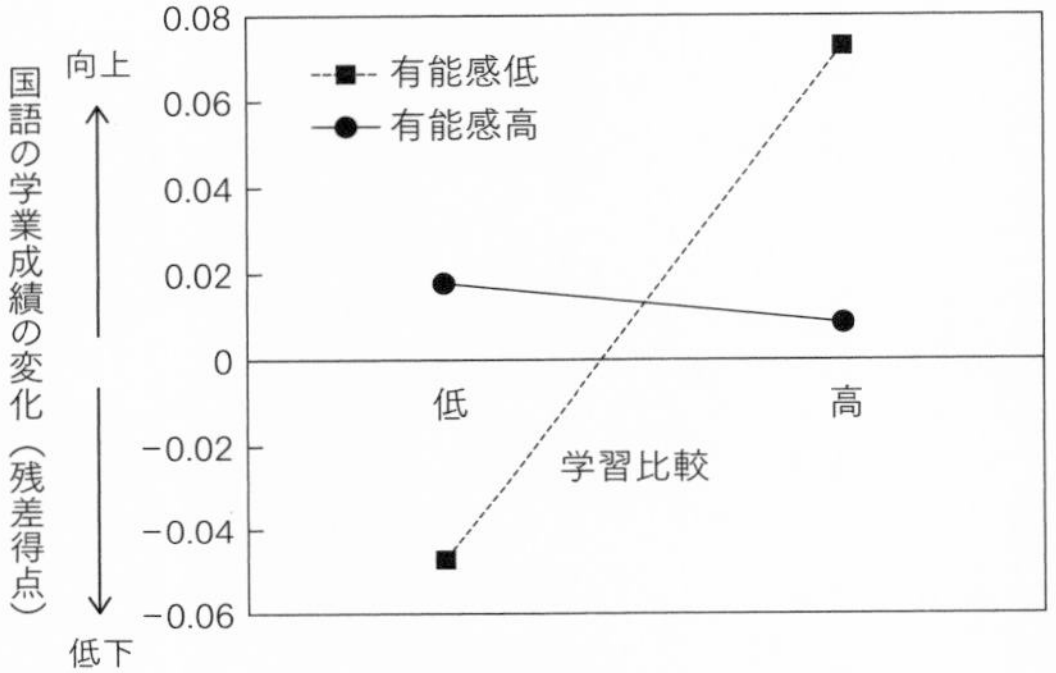

図5-3　学業に対する有能感および学習比較の高低による予測される国語の学業成績の変化[37]

中学生も低い中学生も、遂行比較を行っても国語の成績は向上していませんでした。

数学と国語とでは、違った結果が出たのが面白いですね。国語においては、有能感が低い人が学習比較を行うことで、成績が向上する可能性があるのです。

このことより、社会的比較による学習の効果としては、モチベーションが高められることの他にも、優れた他者の認知や方略を自分のそれと比較し、自分の誤った認知や方略を修正することにつながることが挙げられます。優れた友人の勉強方法を自分のそれと比べまねることによって、例えば適切な学習方略の使用につながり、それによってパフォーマンスが向上する傾向にあると考えられます。

比較からは逃れられない

この章では、社会的比較が及ぼす影響についてみてきましたが、何も社会的比較を推奨しているのではありません。周りの他者との比較を強調する競争社会では、少数の勝者と多数の敗者を生み出します。多くの人にとって有害となるであろう環境は、言うまでもなく避けられるべきでしょう。

しかし、人間には自分の能力を評価したいという基本的な欲求が備わっており、社会で生きていく以上、社会的比較は避けられないことも私たちは知っておく必要があります。仮に、社会的比較を推奨しない（あるいは否定する）環境下にいたとしても、私たちが社会的比較から逃れることはできないでしょう。

そもそも、社会的比較は悪いことばかりではありません。私たちは、社会的比較によって、自分の明確な位置づけができるようになり、将来に対する方向づけも可能となります。社会的比較をすることによって、モチベーションが高められ、ひいてはパフォーマンスが高まることもあります。もちろん、その逆もあります。

本章で見てきましたように、社会的比較がモチベーションやパフォーマンスに及ぼす影響は必ずしも一様ではなく、そこには様々な要因（本章で紹介したのは、周りの友人と何を比較するのかといった比較する対象〈遂行比較、学習比較〉や、教科〈数学、国語〉、および学業に対する有能感）が関わってくるものと考えられます。どのような比較がどのような目的でされた時に、どのような影響を及ぼすのか、私たちは正しく理解する必要があるでしょう。

第6章
あがりに対処する

史上初めて七つの永世称号を獲得した名棋士である羽生善治九段。二〇一八年には、国民栄誉賞が授与されました。常に冷静沈着で、心技体全てで世界最強であるとも言われています。プレッシャーとは縁がないように見えますが、羽生善治九段は著書『決断力』[38]の中でこのように述べております。

> ミスがどういう状況で起こるかは、プレッシャーとも関係する。たとえば、オリンピックで普段の練習どおりにやれといわれても、同じようにやるのは難しいだろう。練習と本番では心理面が違うのは当然だ。どんなに技術に優れ、経験を積んでも、本番になると必ずプレッシャーは感じるものだ。
>
> 舞台が大きくなればなるほどプレッシャーも大きくなる。私も対局でプレッシャーを感じることがあるが、そういうときには、意識的に、
>
> 「プレッシャーはその人の持っている器に対してかかるものだ。器が大きければプレッシャーを感じることがないはずだ」
>
> と言い聞かせている。

どうやら、羽生善治九段のような優れた才能の持ち主であっても、本番では不安やプレッシャーを感じてミスを犯すことがあるようです。羽生善治九段の場合は、プレッシャーを感じるのは、自分自

身がそのレベルに達していないからだと、常日頃から自分を追い込んで、「あがり」の経験さえも自分（器）を大きくするチャンスと捉えていたようです。

ところで、なぜ、本番では普段の練習通りにやれないのでしょうか。ここでは、あがりの正体やその影響、あがりに対する対処の方法についてみていくことにします。

1　あがりの正体

「あがり」という現象

皆さんは、試験や試合の場面、あるいは、人前でスピーチをする時、緊張や不安により実力が発揮できなかったという経験はあるでしょうか。

練習では完璧だったスピーチが、本番では緊張して上手く話せない。試合で頭が真っ白になってしまい、動きが硬くなってしまった。就職活動の面接や、重要な会議での発表において、緊張のために声が震えてしまう。緊張していることを意識すると、さらに震えは加速していき、目の前のパフォーマンスに集中できず、ミスを連発してしまう……。

試験や面接や試合、スピーチなどプレッシャーにさらされる場面において、本来の力を発揮できないことは多くの人々に共有される経験です。羽生善治九段もそうであるように、どんなに有能な人や超一流の選手であっても、本番では緊張して上手くできないことが多々あります。本番で実力を発揮できなかった人たちは、「プレッシャーに負けた」、「重圧に押しつぶされた」、「雰囲気にのまれた」などと口にしますが、このような現象は「あがり」と呼ばれています。

私が最近経験したあがりは、結婚式の披露宴で主賓のスピーチをした時のことです。大学教員という職業柄、人前で話すことには慣れているはずなのですが、披露宴での主賓のスピーチは初めての経験でした。出席者の面々を見渡すと、私よりも年配の方が数多くいましたので、普段とは異なる状況に、時間が経つにつれて緊張していきました。私の最大の失敗は、本番直前に気持ちを落ち着かせようと、「主賓のスピーチの心構え」が書かれたネット記事を見たことです。「主賓のスピーチの成否によって、披露宴全体の雰囲気がガラッと変わってしまうこともある、まさに責任重大な役どころ」なんてことが書かれている記事を目にしたものですから、スピーチを行う時には緊張が頂点に達しました。

何度も練習を重ねて暗記していたはずのスピーチが、本番では頭の中が真っ白になってしまい、何を話すのかをすっかり忘れてしまいました（念のために原稿を手に持っていましたので、それをひたすら朗読することになってしまいました）。心臓がドキドキして、自分の声が聞こえなくなりました。手足が震え汗が噴き出し、どこで呼吸の息継ぎをするのかもわからなくなったほどです。自分が何を話しているのかもわからないまま時間が進み、自分が自分ではないような感覚に陥りました。

さて、こうした誰もが経験するあがりの正体は何なのでしょうか。

あがりは、心身の様々な特徴的変化から構成される複合的な現象です。具体的には、「心拍数の増加」、「身体の震え」、「発汗量の増加」、「息のあがり」などの「生理的覚醒水準の増加」や、「落ち着いていられない」、「不安を感じる」といった「不安の高まり」、「関係のない対象へ注意が向いてしまい、目の前のパフォーマンスに集中できない」といった「注意の変化」が代表的な特徴的変化になります。その他にも、ストレスホルモン（コルチゾール）の分泌の増加、自信の低下、脱力感など、さまざまな生理的反応や心理的反応が含まれます。

カタストロフィ・モデル

先に紹介しましたように、私たちは重要な場面では、心理面や生理面における変化を伴うあがりを経験します。心理面においては、不安感情の増加や注意の変化が生じ、生理面においては心拍数の増加、発汗の増加、ストレスホルモンの分泌の増加などの生理的覚醒水準の増加が生じます。

それでは、これらの変化とパフォーマンスにはどのような関係があるのでしょうか。ここでは、あがりにおいて生じるパフォーマンスの低下が、心理面や生理面の変化とどのように関係しているのかを説明している「カタストロフィ・モデル[39]」について紹介します。カタストロフィとは、「突然の大変動」とか「大きな破壊」という意味です。

まず、カタストロフィ・モデルの前身に、「ヤーキーズ・ダッドソンの法則」があります。「ヤーキーズ」、「ダッドソン」というのは、この法則を提唱しました心理学者の名前です。この法則は、心理学では非常に有名なのですが、そこでは、生理的覚醒水準とパフォーマンスは、逆U字形の関係にあると仮定しています（図6－1の上の図を参照してください）。つまり、生理的覚醒水準が低すぎても高すぎてもパフォーマンスが低下し、中程度の時に最もパフォーマンスが高くなると考えられています。実際に、いろいろな研究で、この仮説が支持されています。

近年では、この法則をさらに洗練させ、「カタストロフィ・モデル」が提唱されています。というのは、生理的覚醒水準とパフォーマンスの関係は、「失敗したらどうしよう」とか「うまくいかないに違いない」といった考え方から生じる不安（これを「認知的不安」と言います）が高い場合と低い場合では、異なることがわかってきたからです。

カタストロフィ・モデルでは、認知的不安が低い場合と高い場合に分けて、生理的覚醒水準とパフォーマンスの関係を説明しています。まずは、認知的不安が低い場合について説明します。パフォーマンス遂行場面で失敗懸念や心配があまりない（認知的不安が低い）場合には、図6－1の上で示したように、生理的覚醒水準とパフォーマンスの間には、逆U字形の関係があるとしています。生理的覚醒水準が高まるにつれてパフォーマンスは促進されますが、生理的覚醒がある水準（「最適水準」と

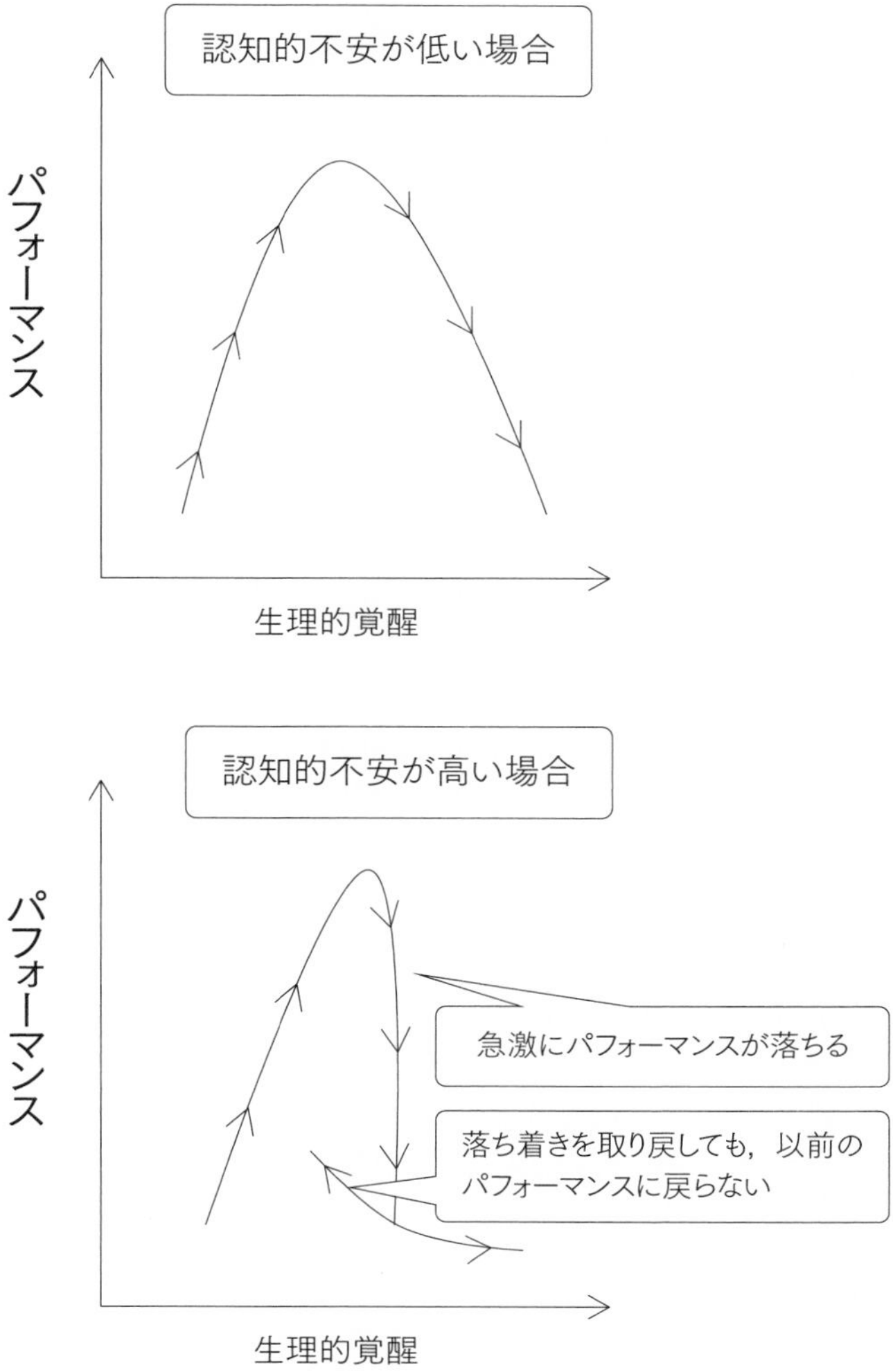

図6-1　生理的覚醒とパフォーマンスの関係（カタストロフィ・モデル）

いいます）を超えると、徐々にパフォーマンスが妨げられます。

一方で、パフォーマンス遂行場面で「失敗したらどうしよう」といった失敗への懸念・心配が強い（認知的不安が高い）場合には、図6－1の下で示したように、生理的覚醒が一定の水準を超えるとパフォーマンスが急激に低下するとしています。また、いったんあがってパフォーマンスが低下すると、そこからの回復が困難であり、仮に落ち着きを取り戻し、生理的覚醒の水準が低くなっても、パフォーマンスはもとに戻らない（このことを「ヒステリシス現象」といいます）としています。

認知的不安、生理的覚醒水準の両者の相互作用によってパフォーマンスを推定するカタストロフィ・モデルは、主に、スポーツ場面で検証されています。

2　あがりとパフォーマンス

意識的制御と無意識的制御

なぜ、緊張や不安を感じると、普段の力が発揮できなくなるのでしょうか。ここでは、あがりによってパフォーマンスが落ちるメカニズムを説明している「認知資源不足理論」と「過剰な意識的制御理論」について説明します。

第2章で説明しましたが、人間の行動をコントロールするシステムには、大別すると二つの制御モードがあります。ひとつは、状況を判断しながら意識的にコントロールする意識的制御です。もうひとつは、何も意識しなくても自動的に行動をコントロールする無意識的制御です。

私たちは、一度に多くのことを意識したり注意を向けたりすることができません。そのため、多くの部分は無意識的に制御し、必要な部分にだけ意識的制御を働かせることで、効率よく行動をコントロールしています。

たとえば、車を運転する経験が長くなると、もはやそれは自動化され、今何をしているのか、次は何をすればよいのかといったことをいちいち意識せずとも、ただ運転することができるようになります。しかし、雨天や夜間などの慣れない道路状況では、運転は無意識的制御から意識的制御へと切替わり、普段使わないワイパーやライトの動作、道路の滑り具合によるスピードの調整、他の車の挙動への対応など、さまざまなものを意識して運転することになります。意識的に制御するといっても、ワイパーを動かすためにはどのようにすればよいのかということまで意識するわけではありません。それらは無意識的制御のサポートによって適切に調整されており、必要な部分にだけ意識的制御を働かせるのです。

このように、私たちの活動は、意識と無意識の協働によって成立しています。

さて、話題を戻しましょう。あがることによってパフォーマンスが落ちてしまうメカニズムには、意識的制御が機能しなくなる場合もあれば、無意識的制御が機能しなくなる場合もあります。どちらの場合も、結果としてパフォーマンスが低下する点では一緒ですが、そのメカニズムは全く異なります。そのため、あがりによるパフォーマンス低下の対策を考える際には、それぞれのメカニズムについて理解することが重要になってきます。

二つのメカニズムは、有限な意識の資源（「資源」）については、第2章で詳しく説明していますので、ご参照ください）が課題以外の無関連な情報に使われてしまうことによって意識的制御が機能しなくなる「認知資源不足理論」と、意識的制御が無意識的制御の分担領域まで関与することによって無意識的制御が機能しなくなる「過剰な意識的制御理論」によって説明されます。次からは、それぞれの理論について詳しくみていきます。

緊張、不安……「資源」の不足

私たちは重要な場面では、「大勢の観衆の前で失敗したらどうしよう」、「ここで負けたら今までの苦労が水の泡になってしまう」……といった様々な思いに心を奪われてしまいます。一度に多くのことを意識するには限界があるため、目下の課題以外のこれらの情報に気を取られると、課題遂行に必要な資源が不足してしまい、課題に集中することができなくなってしまうのです。その結果、パフォーマンスが低下します。[40]

このメカニズムによるパフォーマンスの低下は、資源が特に必要とされる複雑なパフォーマンス（例えば、数学のテストや発話内容を考えながらスピーチをする、協応運動）において見られます。[41] ここで「協応運動」というのは、一つのパラメータ（要因）が異なっても他のパラメータ（要因）を調整することによって目標とする運動を遂行できる課題のことです。たとえば、ゴルフのパッティングにおいては、パターを引く大きさが異なっていても、ボールを打つ角度や強さを調節することによって、同じ位置にボールを止めることが可能です。このように、スポーツの多くは複数のパラメータ（要因）の組み合わせによって最適なパフォーマンスが決定されます。こうした協応運動は、複数のパラメータ（要因）に目を向ける必要があるため、単純な課題よりも多くの資源が必要とされ、その結果、資源の不足によるパフォーマンスの低下が生じやすくなるのです。

また、他に注意が向かう要因が存在する時も、先に説明した理由で、資源の不足によるパフォーマンスの低下を経験しやすくなります。他に注意が向かう要因が存在するというのは、たとえば、結果に応じて報酬が与えられるような状況です。ある大規模な調査[42]で、ゴルフのツアーにおける賞金とパットの成功率の高さを調べたところ、得られる賞金が大きくなるほど、パットの成功率が低くなることがわかっています。ここでは、資源が「賞金」に割かれてしまった結果、本来の課題遂行に対して意識的に制御することができなくなってしまったと考えられます。

このメカニズムによるパフォーマンス低下の最大の要因は、なんといっても緊張や不安でしょう。

極度の緊張や不安状態で本番にのぞむと、「頭の中が真っ白になる」という体験をすることがあります。まったく訳のわからないまま時間が進み、自分の思い通りに行動をコントロールしているという感覚が完全に欠如します。この体験は、「認知資源不足理論」の象徴的な現象と言えます。

緊張や不安が生じることによって、本来集中すべき課題以外のことに資源が使われてしまうため、本番では、この緊張や不安にいかに対処するのかが重要になってきます。緊張や不安に対処する効果的な方法につきましては、第3節で詳しく述べることにします。

過剰な意識的制御

先に紹介しました認知資源不足理論は、あがりによって意識的制御が機能しなくなるというものでした。しかし、ここで説明しますメカニズムはまったく逆の現象、すなわち、あがりによって意識的制御が必要以上に働いてしまう過剰な意識的制御によってパフォーマンスが低下するというものです。[43]

ロンドン五輪の体操団体予選で、思いもしないミスをした内村航平選手は、試合後の取材エリアで「魔物がいた」と口にしていましたが、後のインタビューでこのように語っています。

あのとき（注・北京五輪のとき）は大きな国際大会が初めてだったので、何も考えずにそのままヒョイとやったら上手くいったんです。でも北京を経験していたことで、今回（注・ロンドン五輪のとき）は五輪が最高の舞台だというのを知っていた。だからそこでいい演技をしたい、ロンドンでは今までで一番のことをやりたいと思った。でも、それはいつもの自分と違っていました。ミスがあって、いい演技もなかったのはそれが原因なのではないかと、今は思っています。（〈ロンドンでの苦闘、絶対王者が告白〉内村航平「オリンピックには魔物がいた」[44]、傍点引用者）

絶対に失敗の許されない場面では、正確に演技を遂行したいという思いから、できるだけ慎重に動作を行おうとしてしまいます。普段なら無意識にできてしまうことも意識的にコントロールして、確実にその動作を実現しようと努力します。ここ一番の局面では、有限な資源を出し惜しみせずに、課題遂行に意識を集中させるわけです。

しかし、よかれと思って行ったこの行為が、しばしば命取りになるのです。一つ一つのプロセスへの過剰な注意は、練習によって意識的な自覚をともなわずに進行する行動の自動化を崩壊させ、パフォーマンスを低下させるのです。

内村選手は、同じインタビューの中で「別に気持ちが舞い上がってしまって冷静さがないまま演技したとかじゃないんです」「いつも通りの精神状態だったのにミスをした。だからプレッシャーを感じてのミスという感じではなかったのです」とも答えていました。つまり、不安や緊張によって、資源が不足したことによるミスではなく、練習を重ねることによって自動化されていた演技が、本番では一挙手一投足その動きを意識したために、動作がぎこちなくなり失敗してしまったと考えられます。

このように、自動化され、多くを無意識に制御されたものを意識的に制御しようとすると、途端にパフォーマンスが落ちます。私が今やっているパソコンのタイピングだってそうです。意識的に特定のキーを打とうとしなくても、まるで指が勝手に動いてくれると感じるほどスムーズに入力されます。しかし、入力ミスのないようにひとつずつ慎重に入力しようと意識すると、あれほどスムーズだった指の動きが急にぎこちなくなります。それぞれのキーがどこにあるのか思い出すのさえ苦労するほどです。

過剰な意識的制御理論では、あがりによってパフォーマンスが低下するのは、行動の制御様式が練習初期に特有な意識的制御中心のスタイルへと逆戻りするからだと説明しています。この逆戻りの現象は、自動化を壊してしまうことから、脱自動化とよばれています。

3　本番に臨む――あがりによるパフォーマンス低下の防止

ここまで見てきましたように、あがることによってパフォーマンスが落ちてしまうメカニズムには、意識的制御が機能しなくなる場合と、無意識的制御が機能しなくなる場合の二つがありました。どちらの場合も、結果としてパフォーマンスが低下する点では一緒ですが、そのメカニズムは全く異なるため、あがりによるパフォーマンス低下の対策を考える際には、まずは、そのあがりがどちらによるものなのかを把握し、それぞれに合った対処の仕方を考えていく必要があります。

「資源」の不足によるパフォーマンス低下の対処法

あがりによるパフォーマンス低下の一つ目のメカニズムとしては、心配事に気をとられて資源が不足し、意識的制御ができなくなるものがありました。失敗することが許されない重要な場面では、だれしも不安や緊張を感じますが、人は一度に多くのことを意識するには限界があるため、心配事に気をとられると、課題遂行に必要な資源が不足してしまいます。緊張して、頭が真っ白になって何も考えられないままパフォーマンスを行っていたというのは、まさにこの状態です。課題遂行に必要な資源が不足してしまうと、パフォーマンスを最大限に発揮することが難しくなります。

そのため、コーチや監督が、本番前に選手の不安やプレッシャーをあおるようなコメントをすることは、資源の不足を助長する可能性がありますし、そうでなくても、選手自身があれやこれやと考えてしまい不安の感情に支配されると、資源が不足してしまい、実力を発揮することができなくなります。

それでは、重要なパフォーマンスの場面で不安や緊張が生じた時には、私たちはどうしたらよいのでしょうか。

その対処法として、マインドフルネスがあります。

マインドフルネスとは

マインドフルネスとは、「今、この瞬間の体験に意図的に意識を向け、評価をせずに、とらわれのない状態で、ただ観ること」とされています。「観る」は、見る、聞く、嗅ぐ、味わう、触れる、さらにそれらによって生じる心の働きをも観る、という意味になります。

より具体的には、「今、起きている経験を、過去の記憶だったり、未来への期待だったりと関係づけて評価するのではなく、今起きていることに注意を向け気づいていくこと」と「自分が今している経験がどのようなものであれ、それに対して評価や判断をいっさい加えず、完全に受容的な態度でそれをありのままに観察する」の二つから構成されるものです。マインドフルネスは、自身の内的体験（たとえば、心臓がドキドキする）に反応せずに受容し、目の前の対象に注意を向ける方法なのです。

マインドフルネスは、ネガティブ思考やネガティブ感情を客観視して距離をとる技術です。重要なパフォーマンスの前には、「失敗したらどうしよう」といったネガティブ思考に陥り、不安や緊張といったネガティブ感情が生じがちですが、一歩引いた視点から、客観的に自分の思考や感情を観るのです。現在生じている、ネガティブ思考やネガティブ感情を決して否定するのではなく、その状態を客観視し「今、自分は緊張しているなぁ」と気づくことがマインドフルネスになります。

マインドフルネスの効用

このマインドフルネスには、どのような効果があるのでしょうか。ここで少し、心理学の研究で明らかにされてきたことを紹介したいと思います。

心理学の研究では、スポーツ競技者のマインドフルネスの高さとパフォーマンスとの関係が報告されています。たとえば、バスケットボール選手を対象にした研究[45]において、試合時に記録するフリースローの成功率と選手のマインドフルネスの得点が正の関連を示すことが明らかになっています。つまり、自身のマインドフルネスの傾向が高い選手は、スポーツ場面でのパフォーマンスが高いということになります。

それは一体、なぜでしょうか。

先にも言いましたが、重要なパフォーマンスの場面では、だれしも、パフォーマンスの低下を導くあがりを経験します。「失敗したらどうしよう」といったネガティブ思考や不安の感情に押しつぶされそうになる時もあるでしょう。

重要なパフォーマンスの場面で引き起こされる心身の反応（たとえば、心臓がドキドキする）に対して、価値や判断を加えることなく、ありのままに観察することで、つまり、マインドフルネスを用いることで、さらなるネガティブ思考を繰り返したり、破滅的な思考（「失敗したらどうしよう」から「失敗するに違いない」と考えるなど）をしたりするという非機能的な心理的反応を抑制し、問題の深刻化を防ぐ効果があると考えられています。

マインドフルネスを行うことによって、それが直接的にパフォーマンスの発揮につながるのではなく、パフォーマンスを続ける中で引き起こされるプレッシャーや不安の感情に対して効果的に対処することによって、目の前のパフォーマンスや、それを遂行するために必要な事象に注意を向けることができ、その結果として、最大限のパフォーマンスの発揮につながるのです。

もちろん、マインドフルネスは、スポーツの場面においてのみ、その効果を発揮するものではありません。最新の脳科学で「ストレス軽減」、「集中力アップ」、「自律神経回復」などの効果が実証され、アメリカではグーグルをはじめ、フェイスブックやインテル、マッキンゼー・アンド・カンパニーといった企業のほか、政府機関の研修でもマインドフルネスが取り入れられています。

私たちは、日々、マインドフルネスとは程遠い状態にいるのかもしれません。一日に処理しなければ

（1）姿勢を正し、軽く目を閉じる
（2）ふぅ～と息を吐ききる
（3）すぅ～と息を吸う
（4）（2）、（3）を繰り返す

図6-2　自分の呼吸に集中する方法

ばいけない情報は増え、頭の中は、考えなくてはいけないことでいっぱいです。なかなか、自身の内的体験に反応せずに受容し、目の前の対象に注意を向けられる状態にいることがありません。その結果、混乱して大事なことが見えなくなったり、ネガティブ思考や感情に支配されたりして、結果的にパフォーマンスも下がってしまいます。

さて、ここで朗報があります。このマインドフルネスは、鍛えられるのです。マインドフルネスの詳細なやり方については、他の書籍に譲ることにしますが、まずはお手軽な方法として、自分の呼吸に集中する方法を使ってみてはいかがでしょうか。たったこれだけのことが、マインドフルネスのエクササイズになるのです。図6－2のやり方を用いて、一日に十分間でもよいので、自分の呼吸にだけ集中する時間を作ってみましょう。

マインドフルネスを身に着けることができれば、これまで振り回されていた漠然とした不安感がなくなり、精神的に安定した自分になることができるかもしれません。あらゆるネガティブ思考や不安は、マインドフルネスの光のもと、その支配力を失って立ち消えになるでしょう。

「何も考えずにやれば……」

先に紹介しました通り、過剰な意識的制御によるパフォーマンスの低下は、普段なら無意識にできてしまうことを意識的にコントロールすることによって、行動の自動化が崩壊してしまうことで生じます。何も考えずにやれば簡単にできることを、最大限のパフォーマンスを発揮したいと望むばかり、注意が他のこと（たとえば、手や足の動き）に向いたことによって、自動化された行動が、途端にぎこちないものになってしまうのです。

コーチや監督が、あがっている選手を落ち着かせるために、本番前に技術的なアドバイスをしているのをよく目にしますが、そうした行為は、過剰な意識的制御を促進させ、かえってパフォーマンスを阻害する危険性もあるのです。

それでは、意識的な制御が過剰に働かないようにするためにはどうしたらよいのでしょうか。答えは簡単です。本番でも、練習通りにやればよいのです。練習によってパフォーマンスは自動化されているのですから、何も考えずに、それを実行すればよいだけのことです。しかし、読者の皆さんも経験があると思いますが、この「何も考えずに」というのが、実は非常に難しいことなのです。

繰り返しになりますが、大事なことは、練習で自動化された行為を、本番では意識せずに（無意識に）実行することです。そのための有効なやり方としては、「ルーティン」があります。

「ルーティン」とは

ルーティンとは、決まりきった動きのことです。

ラグビーの五郎丸歩選手は、ＰＫ（ペナルティキック）の前に謎のポーズ（五郎丸ポーズとして、一躍有名になりました）をとっていましたが、あれは五郎丸選手のルーティンになります。五郎丸選手が行う一連のルーティンを図６‐３に示しました。ここで重要なパフォーマンスは、ボールをキックすることですが、五郎丸選手は、キックをする前に必ず、図６‐３に示した（１）から（５）までの一連の動作を行います。

また二〇一九年三月に引退しましたが、野球のイチロー選手は、毎回、バッターボックスに入る時に、右袖を引っ張りながら、バットの先端を投手側、バックスクリーン方向へ向ける動作を行っていました。あれはイチロー選手が行っているルーティンになります。イチロー選手以外にも、バッターボックスに入る前に、ルーティンを行っている選手が多くみられます。

ルーティンは何も、スポーツ選手だけが行うものではありません。私は毎日、研究室に到着したら、荷物を所定の場所に置いて、まずは、パソコンの電源を入れます。そして、パソコンが起動する間に、お気に入りのコーヒーを入れます。コーヒーの匂いに包まれた研究室で何も考えずにコーヒーを飲み（至福の時です！）、それから仕事に入ります。こうした動作も、仕事に入る前のルーティンに

（１）両手の人差し指を合わせる
（２）左手の中指から小指までを折り曲げる
（３）その上にかぶせる右手の中指と薬指の先はやや宙に浮いている状態にする
（４）右手の親指を内に曲げて、その上に左手の親指を載せる
（５）その状態で、手、ゴールポスト、手、ゴールポスト、手を見る
（６）数歩下がって、そのまま時間をかけずにキック

図6-3　五郎丸選手による一連のルーティン

なります。

皆さんには、どのようなルーティンがあるのでしょうか。

ルーティンの効果

では、このルーティンによる効果とは、どのようなものなのでしょうか。

何度も言いますが、本番で大事なことは、練習通りに身体を動かすことです。ルーティンが効果的な理由は、重要なパフォーマンス（五郎丸選手の場合ですと、ペナルティキックを蹴る）も含めた一連の動作を習慣化し、その習慣化した動作を本番で行うことによって、余計な思考から離れ、決まった動作が自動的に行えるようになる、ということです。

重要なパフォーマンスを実行する場面では、「絶対に失敗したくない」、「より良いパフォーマンスを発揮したい」という思いから、できるだけ慎重に動作を遂行しようと、余計なことを考えてしまいます。練習と同じ平常心を保つことができない状態でパフォーマンスを遂行してしまうと、きっと失敗してしまうでしょう。

そこで有効なのが、ルーティンです。ルーティンとは、いわば、いつもと同じ平常心に戻るための動作、とも言えます。いつもの練習と同じルーティンを行うことで平常心を取り戻し、目の前のパフォーマンスに集中することができます。同じ動作を繰り返すことで自然とリラックスして集中でき、その一連の動作の中で自動化されたパフォーマンスを意識せずに（無意識に）実行することができるのです。

そこで、練習時に必要となってくることは、本番を想定して（イメージが大事になってきます）、重要なパフォーマンスを含めた一連の動作を繰り返し、繰り返し行うことによって、「ルーティン」と呼ばれる「決まりきった動き」に定着させていくことです。

本番では、いつもと同じ状況に戻るための動作（ルーティン）を行うことで、重要なパフォーマンスを意識することなく（無意識に）実行することができるのです。

第7章
己を知る

突然ですが、みなさんは、以下の二つのどちらかを選択できる状況では、どちらを選びますか？

（1）一〇〇％の確率で二十万円をもらえる

（2）二〇％の確率で百万円をもらえる

では、つづいて、これはどうでしょうか。

百万円の借金があるとします。みなさんは、以下の二つのどちらかを選択できる状況では、どちらを選びますか？

（1）一〇〇％の確率で二十万円を返済できる

（2）二〇％の確率で百万円を返済できる

第1章から第6章まで、モチベーションやパフォーマンスに影響を及ぼすさまざまな要因（目標設定と実行、フィードバック、有能感、比べること、不安）について、みてきました。しかし、モチベーションやパフォーマンスに及ぼすこれらの影響は、その個人がどのようなタイプなのかといった「個人差」によって、大きく異なります。

最後の第7章では、個人差についてみていくことで、その個人にあったモチベーションやパフォーマンスの高め方について考えていきたいと思います。

1　人によって異なるパフォーマンスの高め方

人は確実に利益を得たく、最大限に損失を避けたい

みなさんは、「一〇〇％の確率で二十万円をもらえる」のと「二〇％の確率で百万円をもらえる」のでは、どちらを選んだでしょうか。

このような状況では、一般的に人は、確実に得するほう、つまり、この場合では「一〇〇％の確率で二十万円をもらえる」を選択することがわかっています。両者では期待値が同様（二十万円×一・〇＝二〇、百万円×〇・二＝二〇）であるにもかかわらず、人は利益を得る場面では確実に手に入れることを優先する傾向にあるのです。

では、百万円の借金がある状況ではどうでしたか。みなさんは、「一〇〇％の確率で二十万円を返済できる」のと「二〇％の確率で百万円を返済できる」のでは、どちらを選んだでしょうか。

このような状況では、一般的に人は、「二〇％の確率で百万円を返済できる」のほうを選択することがわかっています。百万円返済することができれば、借金を背負うことを回避することができます。つまり、人は損失を被る場面では、確率が低くてもその損失を最大限に回避することを優先する傾向にあるのです。

「一〇〇％の確率で二十万円を返済できる」は「確実な二十万円の利益」と同じであり、「二〇％の確率で百万円を返済できる」は「不確実な（二〇％の確率の）百万円の利益」と同じです。つまり、最初の例と利益は同じであるにもかかわらず、「現時点で百万円の借金を背負っている」という、すでに損している前提条件がつくことで、人はつい「一発逆転」を狙ってギャンブルをしてしまうのです。これは「損失回避バイアス」と呼ばれています。

このように、人は利益を得る場面では「確実に手に入れること」を優先し、反対に、損失を被る場面では、確率が低くとも「最大限に損失を回避すること」を優先する傾向があります。こうした人間の心理を表した理論は「プロスペクト理論」と呼ばれています。

利益を得たいタイプ、損失を避けたいタイプ

先の例でも見てきましたように、一般的に人は、確実に得をしたい（利益を得たい）と思い、確率が低くとも損失を最大限に避けたいと思っています。しかし、そこには、個人差が見られます。

コロンビア大学の心理学者エドワード・ヒギンズは、「利益を得る」か「損失を避ける」かにおいて、個人差があることを指摘しています。そこでは、「利益を最大限に得る」個人のタイプを「促進焦点」、「損失を確実に避ける」個人のタイプを「防止焦点」と呼んでいます。[46]

促進焦点のタイプの人は、利益を得ること、獲得することを重視しています。損失を避けることよ

りも、利益を得ることのほうに焦点が当てられているため、促進焦点のタイプの人は「一〇〇％の確率で二十万円をもらえる」よりも「二〇％の確率で百万円をもらえる」を選びます。「リスク（八〇％の確率で何ももらえなくなる）」よりも「利益（二〇％の確率で百万円をもらえる）」のほうに、目が向いているのです。また、促進焦点のタイプの人は、獲得することに目が向くことから派生して、希望や理想を実現すること、進歩することを目標としています。

一方で、防止焦点のタイプの人は、損失を確実に避けることを重視します。そのため、先の例では、「二〇％の確率で百万円を返済できる」ことよりも、金額は少なくとも確実に返済を可能にすること、すなわち、「一〇〇％の確率で二十万円を返済できる」ことを選びます。損失を回避することに焦点が当てられることから派生して、防止焦点のタイプの人は、安全を確保すること、義務や責任を果たすことを目標としています。

みなさんは、「利益を得ること」と「損失を避けること」のどちらを重視しているのでしょうか。先に、利益と損失をお金にたとえて例を出しましたが、これは、お金に限ったことではありません。人生のあらゆる場面に適用可能です。たとえば、ミスを恐れず、サービスコート内すれすれのサーブを打ってくるテニスプレイヤーは、促進焦点のタイプですし、確実なプレイをする（そして、相手のミスを待っている）テニスプレイヤーは、防止焦点のタイプということになります。利益は高いけれどリスク（損失）も高い運用を好む投資家は、促進焦点のタイプですし、利益は高くはないけれどリスク（損失）も高くない運用を好む投資家は、防止焦点のタイプになります。

表7－1をご覧いただき、あなたが促進焦点のタイプに近いのか、それとも、防止焦点のタイプに近いのか、確認してみるとよいでしょう。

この促進焦点のタイプ、防止焦点のタイプは、どちらが良いといったものではありません。どちらにも良いところと悪いところがあるのです。近年の心理学のさまざまな研究より、その個人のタイプ（促進焦点、防止焦点）に適した方法を用いると、モチベーションやパフォーマンスが高まることが示されています。[47]

次からは、そのことを示したいくつかの研究をみていくことにします。

	個人差
促進焦点 （利益・獲得を重視）	・良い成績をとりたい ・自分の学力（パフォーマンス）を高めたい ・攻めたい（攻撃重視） ・成功したい ・理想を追求したい
防止焦点 （損失を避ける・安全を重視）	・悪い成績をとりたくない ・自分の学力（パフォーマンス）は下げたくない ・守りたい（守備重視） ・失敗したくない ・義務を遂行しなければいけない

表7-1　「促進焦点」か「防止焦点」か

タイプ別・効果的な目標設定

第1章と第2章では、目標を設定し、それを実行することが、目標達成に効果があることを説明しました。しかし、どのような目標設定を行うことが実行につながるのかは、その個人のタイプ（促進焦点、防止焦点）によって異なるようです。

ここで、実験を紹介します。[48]

この実験では、実験参加者に実験室に来てもらうのですが、まずは、その実験参加者が促進焦点のタイプなのか、それとも、防止焦点のタイプなのかを、ある方法を用いて測定しました。そして、後日提出してもらうレポート課題を与えました。レポート課題の内容は、次の土曜日に、どのように過ごしたのかを用紙二枚に書くというものでした。このレポート課題が完了したら、郵送するか、あるいは、実験室に直接持参するかのどちらかで、提出するよう依頼しました。

また、レポート課題に取り組む前に（実験室に来てもらった当日に）、表7－2に示されているAかBのやり方のいずれか割り当てられた方法で、レポートを「いつ」書くのか、「どこで」書くのか、「どのような」内容にするのかといった三つのこと（目標）を、それぞれ四十五秒間想像してもらうことにしました。

たとえば、Aのやり方に割り当てられた実験参加者は、「レポートを書くことができる、快適で、自分に都合の良い時間」について、四十五秒間思考しました。その後で、「レポートを書くことができる、快適で静かな場所」について、やはり四十五秒間思考しました。最後に、レポートの内容として「できるだけ内容を詳細に書き、いかに興味深いものとするか」について四十五秒間思考しました。

	A	B
いつ書くか	レポートを書くことができる、快適で、自分に都合の良い時間	他の用事が重なってレポートを書くことができない、自分に都合の悪い時間
どこで書くか	レポートを書くことができる、快適で静かな場所	レポートを書くことができない、避けるべき場所（不快で、気が散る場所）
どのように書くか	できるだけ内容を詳細に書き、いかに興味深いものとするか	どんな詳細なことも不足することなく書き、いかに退屈なものにしないようにするか

表7-2　レポートを書く前に想像してもらう内容

Bのやり方に割り当てられた実験参加者には、「他の用事が重なってレポートを書くことができない、自分に都合の悪い時間」、「レポートを書くことができない、避けるべき場所（不快で、気が散る場所）」、「どんな詳細なことも不足することなく書き、いかに退屈なものにしないようにするか」について、それぞれ四十五秒間考えてもらいました。

Aのやり方は、良いパフォーマンスを行う方法を考えてもらう、Bのやり方は、悪いパフォーマンスを回避できる方法を考えてもらう、ということになります。

ここでは、目標達成として、レポート課題の提出率を調べることにしました。

実験の結果、促進焦点のタイプの人で、Aのやり方を使った場合のレポート課題の提出率は、七四%でした。一方で、促進焦点のタイプの人で、Bのやり方を使った場合のレポート課題の提出率は、五三%でした。

防止焦点のタイプの人で、Aのやり方を使った場合のレポート課題の提出率は、四五%でした。一方で、防止焦点のタイプの人で、Bのやり方を使った場合のレポート課題の提出率は、七四%でした。

この結果より、促進焦点のタイプの人は、Aのやり方（良いパフォーマンスを行う方法を考えてもらうやり方）を使ったほうが、防止焦点のタイプの人は、Bのやり方（悪いパフォーマンスを回避できる方法を考えてもらうやり方）を使ったほうが、レポート課題に対するモチベーションが高く、その結果、目標を達成しやすい（ここでは、レポート課題を提出する）ということがわかります。

目標を達成するために、どのようなやり方を用いると効果的なのかは、促進焦点のタイプの人と防止焦点のタイプの人では異なるのです。

ネガティブなほうがいい人とは

第3章では、フィードバックの効果と危険性について取り挙げましたが、フィードバックの効果と危険性は、その個人のタイプ（促進焦点、防止焦点）によって異なります。

では早速、そのことを示した実験[49]を紹介します。

まずは、実験参加者が促進焦点のタイプなのか、それとも、防止焦点のタイプなのかを、ある方法を用いて測定しました。

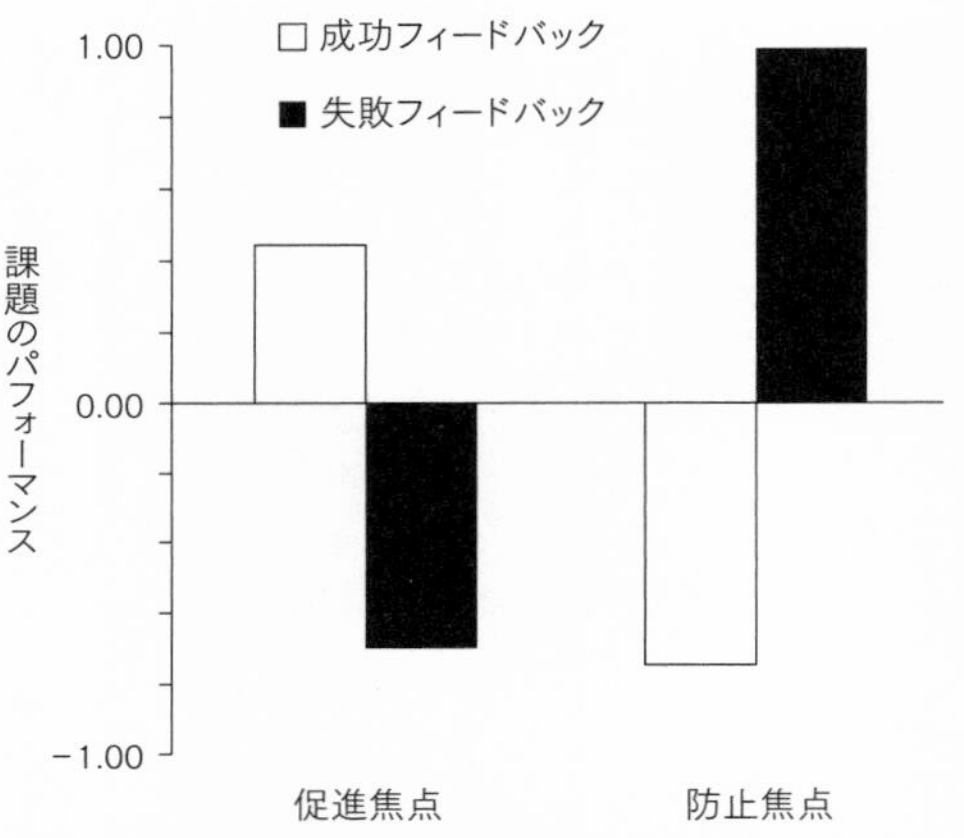

図7-1　促進焦点条件と防止焦点条件によるフィードバックの効果[49]

そして、実験参加者はある課題をやるのですが、課題を実施する前に、課題の成績が上位三〇%以内に入るように言われました。課題終了後、成功フィードバック条件では、「あなたの成績は、上位三〇%以内に入ったよ」と実験者から言われました。一方で、失敗フィードバック条件では、「あなたの成績は、上位三〇%以内に入らなかったよ」と実験者から言われました。その後また、同様の課題をやってもらい、フィードバック後の課題の成績（パフォーマンス）を見てみることにしました。

では、結果です。図7−1をご覧ください。このグラフでは、縦軸が課題のパフォーマンス得点になっているのですが、パフォーマンス得点の平均値が0となるように換算されたものとなっています。つまり、この値が正の値をとっていれば、実験参加者全体の平均よりもパフォーマンスが高いことを示し、さらに数値が大きくなればなるほどパフォーマンスが高いことを意味します。逆にこの値が負の値をとっていれば、実験参加者全体の平均よりもパフォーマンスが低いことを示し、さらに数値

（絶対値）が大きくなればなるほどパフォーマンスが低いことを意味します。

図７－１より、成功／失敗フィードバックが受け手のパフォーマンスに与える影響は、その個人が促進焦点のタイプなのか、それとも防止焦点のタイプなのかによって異なることが示されました。促進焦点のタイプの人は、失敗フィードバックよりも成功フィードバックを与えられたほうが、次の課題のパフォーマンスが高くなりました。促進焦点のタイプの人が、成功フィードバックを受けると、その後の課題のパフォーマンスは平均よりも高くなっていますが、失敗フィードバックを受けると、パフォーマンスは平均よりも低くなっています。

一方で、防止焦点のタイプの人は、逆に、成功フィードバックよりも失敗フィードバックを与えられたほうが、次の課題のパフォーマンスが高くなりました。防止焦点のタイプの人が、失敗フィードバックを受けると、その後の課題のパフォーマンスは平均よりも高くなっていますが、成功フィードバックを受けると、パフォーマンスは平均よりも低くなっています。

同様の結果は、日本人を対象にした著者らの実験[50]でも示されています。

これまで、心理学の世界において（世間一般の考え方と同様に）、失敗フィードバックよりも成功フィードバックを与えたほうが、受け手のモチベーションやパフォーマンスが高まることが多く指摘されてきました。[51]しかし、近年のこうした研究より、成功と失敗のどちらのフィードバックがより効果的なのかは、受け手のタイプ（その個人が促進焦点のタイプなのか、防止焦点のタイプなのか）によって異なることがわかっています。

成功（ポジティブな）フィードバックは、取り組みに対するポジティブな側面を強調するので、成功フィードバックを与えられることによって、望ましい理想とする状態を追い求めることに目が向きます。こうした目標追求の方法は、利益を得ることに焦点が当てられている促進焦点に合っているため、促進焦点のタイプの人には、成功フィードバックが与えられた時に、よりモチベーションが高まり、その結果として優れたパフォーマンスを示すものと考えられます。

一方で、失敗（ネガティブな）フィードバックは、取り組みに対するネガティブな側面を強調するため、こうしたフィードバックを受けることで、失敗による損失を思い描き、望ましくない結果を回避することに目が向きます。こうした目標追求の方法は、損失を避けることに焦点が当てられている防止焦点に合っているため、防止焦点のタイプの人には、ネガティブなフィードバックが与えられた時に、よりモチベーションが高まり、その結果としてパフォーマンスが高くなると考えられます。

一般的には、失敗フィードバックは効果がないと考えられがちですが、防止焦点のタイプの人には、成功フィードバックよりも失敗フィードバックを与えたほうが、効果的である場合があるのです。そして、一般的に効果的だと考えられている成功フィードバックを防止焦点のタイプの人に与えても、効果がない、場合によっては、逆効果となることもあるのです。

ライバルの影響

第４章では、他者の存在によって、ポジティブな、あるいは、ネガティブな有能感が形成されることや、その結果、パフォーマンスが高くなったり、低下したりする現象についてみてきました。しかし、この他者による影響も、その個人のタイプ（促進焦点、防止焦点）によって異なるようです。

ここでは、他者による影響として、ライバル関係に注目してお話ししていくことにします。

さて、みなさんには、ライバルと呼べる人はいますか。そもそも私たちは、どのような人をライバルとみなすのでしょうか。他者とライバル関係が構築される要因としては、互いに似た特徴を持つこと（類似性）、複数回の競争経験があること、そして互いの実力が同程度であること（同等性）が挙げられています。[52]

そして、ライバルによる影響としては、従事している活動に対するモチベーションの向上と、パフォーマンスの向上が想定されるのですが、これが、個人のタイプ（促進焦点、防止焦点）によって異なるのです。

では、著者らが行った研究[53]を紹介します。

ライバルが存在しやすい領域としては、スポーツがありますので、この研究では、アスリートを対象に調査を行いました。調査の内容は、促進焦点のタイプなのか、それとも、防止焦点のタイプなのかを判断するもの、ライバルの数、ライバルの影響、パフォーマンス（スポーツの種類が異なるとパフォーマンスの種類も異なりますので、ここではパフォーマンスを自己評価させました）などでした。

調査の結果より、促進焦点のタイプの人は、ライバル関係を構築しやすいこと、およびライバルによる良い影響が生じやすいことがわかりました。具体的には、促進焦点のタイプのアスリートは、防止焦点のタイプのアスリートよりも、日ごろライバルだと感じている相手がいる割合が多いこと、また、促進焦点のタイプのアスリートは、ライバルの存在によって、「自分はもっと上手に競技（プレイ）ができる」といったポジティブな有能感の形成につながりやすく、それによって自身のパフォーマンスが向上することがわかりました。

一方で、防止焦点のタイプのアスリートは、ライバルの存在によって、ネガティブな有能感を形成しやすく、その結果、パフォーマンスが低下しやすいことが示されました。

ライバルは長期的な目標を意識させ、自身の能力を高めることで競争に勝とうとするモチベーションを生じさせる存在です[54]。こうした特徴は、獲得や理想といったことに焦点を当てる促進焦点のタイプにより適したものですが、防止焦点のタイプには適さないことが考えられます。そのため、ライバルの存在は、促進焦点のタイプのアスリートには良い影響が見られますが、防止焦点のタイプのアスリートには、悪い影響が見られるのです。

それでは、防止焦点のタイプの人には、どのような他者の存在が良い影響をもたらすのでしょうか。防止焦点のタイプの人は、自律性や成長といった自己に関わる側面よりも、協調性や社会的つながりといった関係性に関わる側面を重視する傾向があります。[55] そこで、防止焦点のタイプの人は、競い合うライバルとしての他者ではなく、チームメイトとの関係を深めることによって、自身のモチベーションやパフォーマンスが向上する可能性が考えられます。

このように、他者の存在が個人に与える役割や機能は、その個人が促進焦点のタイプなのか、それとも、防止焦点のタイプなのかによって異なるのです。

同化と対比――「比べる」の効果

第5章では、自分よりも優れた他者と比較をすると、その優れた他者をしのごうとする強い自己向上意欲のためにモチベーションが高まり、その結果、自身のパフォーマンスが向上しやすくなることを紹介しました。しかし、そのプロセスは、人によって少し異なるようです。

さて、学業やスポーツ、あるいは仕事の場面において、あなたの親しい友人があなたよりも良いパフォーマンスを示した場合に、あなたはどう思いますか。このような状況では、「友人はすごいなぁ。自分も友人のようになれるようにがんばろう！」と考えるといったように、相手（友人）の成功に注目する「同化」と、「友人はすごいなぁ。それに比べて自分はダメだなぁ」と考えるといったように、自分の失敗に注目する「対比」のどちらかのプロセスが生じると考えられています。

では、「同化」と「対比」は、どちらのほうが個人のモチベーションやパフォーマンスを高めるのでしょうか。それもまた、個人のタイプ（促進焦点、防止焦点）によって異なります。

ここでまた、著者らが行った実験[56]を紹介することにします。

この研究では、質問紙によって、実験参加者を促進焦点のタイプなのか、それとも、防止焦点のタイプなのかに分類しました。

続いて、ある課題（課題1とします）をやってもらった後に、実験参加者よりも比較相手の成績のほうが良かったと偽の情報をフィードバックしました。その後、実験参加者を「同化」条件と、「対比」条件に分けました。ここでは詳しい説明は割愛しますが、実験参加者は、「同化」か「対比」のいずれかを意図的にさせられたことになります。続いて、課題に対するモチベーションの程度（たとえば、「この課題をまたやりたいかどうか」など）を尋ねた後に、課題（課題2）を実施しました。

結果は、図7－2をご覧ください。このグラフでは、縦軸が「モチベーション」の程度になっており、値が大きいほどモチベーションの程度が高いことを示しています。

ご覧の通り、モチベーションを高めるためには、同化が良いのか、それとも、対比が良いのかは、その個人が促進焦点のタイプなのか、それとも、防止焦点のタイプなのかによって異なることが示されました。促進焦点のタイプの人は、対比よりも同化を行ったほうが、モチベーションが高いことがわかりました。一方で、防止焦点のタイプの人は、同化よりも対比を行ったほうが、モチベーションが高いことがわかりました。

また、課題2のパフォーマンスにおいても、同化が良いのか、それとも、対比が良いのかは、促進焦点のタイプと防止焦点のタイプでは異なることが示されました。促進焦点のタイプの人は、対比よりも同化の方が、防止焦点のタイプの人は、同化よりも対比の方が、課題2のパフォーマンスが高かったのです。

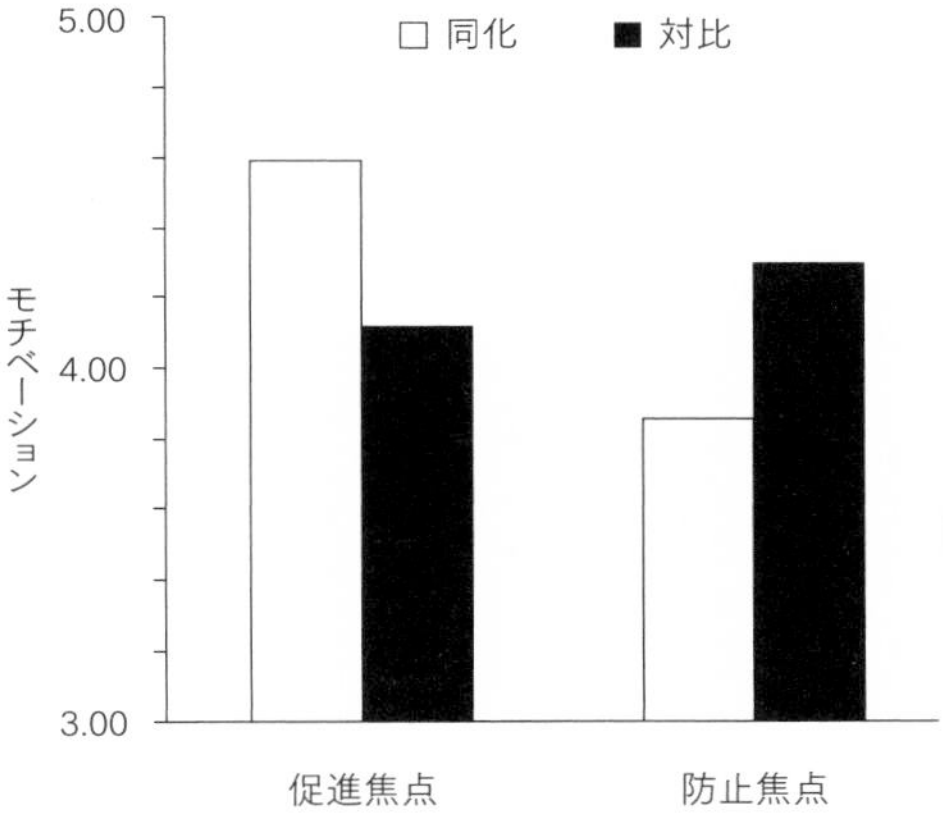

図7-2　促進焦点のタイプと防止焦点のタイプによる同化／対比の効果[56]

促進焦点のタイプの人は、自分よりも相手が優れている状況で、相手の成功に注目する「同化」が生じることによって、自分も頑張ればこうなれるのではないかと思うのでしょう。つまり、比較相手がポジティブなモデルとして働くことで、課題に対するモチベーションが高まり、結果としてパフォーマンスも高まることが考えられます。

一方で、防止焦点のタイプの人は、自分よりも相手が優れている状況では、自分の失敗に注目する「対比」が生じることによって、優れた友人とダメな自分との差を埋めるために頑張らなくてはいけないと考えるのでしょう。そのことによって、課題に対するモチベーションが高まり、結果としてパフォーマンスが高まるものと考えられます。
このように、優れた相手を目の当たりにした場合に、「同化」が良いのか「対比」が良いのかは、その個人が促進焦点のタイプなのか、それとも防止焦点のタイプなのかによって異なるのです。

2　不安への対処

第6章では、あがりによって生じる不安への対処の仕方についてみてきました。この不安への効果的な対処の仕方も、個人によって異なってきます。ここまでは、促進焦点のタイプなのかそれとも防止焦点のタイプなのかといった個人差でみてきましたが、ここでは、楽観主義なのか、それとも、悲観主義なのかについて、取り挙げたいと思います。

最悪に備える――防衛的悲観主義者

第6章で、緊張や不安は、本来集中すべき課題以外のことに認知資源が使われてしまうため、本番では、この緊張や不安にいかに対処するのかが重要になってくることをお話ししました。ここでは、不安を上手にコントロールしている防衛的悲観主義者について紹介したいと思います。防衛的悲観主義者を一言でいうと、「悲観的思考をすることでうまくいっている人たち」です。

ポジティブ思考や楽観主義がモチベーションや持続力、さらにはパフォーマンスをも促進するという知見が次々に報告されています。ちまたでは、ポジティブ思考こそ唯一の美徳で、「ポジティブにいこう」という風潮が強まりつつあります。

一方、多くの研究において、物事を悲観的にとらえる悲観主義者は、ネガティブな結果と関連していることが示されており、悲観主義者は無気力で希望を失いやすく、簡単にあきらめてしまうため、能力以下のパフォーマンスしかあげられないと指摘[57]されています。

ところが近年、悲観主義者のなかに、物事を「悪い方に考える」ことで成功している適応的な悲観主義者（これを防衛的悲観主義者といいます）の存在が明らかになっています。[58]

防衛的悲観主義とは、前にうまくいっているにもかかわらず、これから迎える状況に対して、最悪の事態を予想する認知的方略のことです。

たとえば、人前でプレゼンテーションを行わないといけない状況が迫っている時に、防衛的悲観主義者は、「本番で台詞を忘れて頭が真っ白になるのではないか」「自分の声が小さくて、聞き取れないのではないか」「聴衆が退屈して、途中で退室するのではないか」、果ては「コンピュータがフリーズして、パワーポイントが使えなくなったらどうしよう」「壇上に置かれた水がこぼれて資料が読めなくなったらどうしよう」と次から次へと不安事がおそってきます。

不安事がおそってくるというよりは、次から次へと不安事を見つけ出すのですから、どちらかと言えば楽観主義の私としては、彼らはわざと自分を悩ませているのではないか（つまり、自分に嫌がらせをしているのではないか）と疑うほどです。こんなに心配をして大騒ぎをする悲観主義者が信じられません。前にもうまくいったのですから、今度もうまくいくとどうして考えられないのでしょうか。クヨクヨ考えるなんて時間の無駄です。なるようにしかならないのだから！

しかし、防衛的悲観主義者のこうした思考は、ただの悲観的思考ではありません。悪いほう、悪いほうへ予想し、予想される最悪の事態を鮮明に思い浮かべることによって、対策を練ることができるのです。

先ほどのプレゼンテーションの例でいいますと、彼らは、何度も何度も練習を繰り返すでしょう。ときには周りにいる誰かを相手にし、来るべき質問を想定した回答例を作るかもしれません。また、本番には自分の資料を二部用意し、コンピュータを二台用意する場合もあるでしょう。

これから起こる出来事を悪いほう、悪いほうに想像し、徹底的にその対処法を整えた防衛的悲観主義者は、本番を迎える頃にはその不安をコントロールし、そして立派なパフォーマンスを収めるのです。

「何が起きても大丈夫」

「失敗はすぐに切り替えろ」と言われることがあります。しかし、防衛的悲観主義者は「失敗を引きずる」ことを原動力としています。

中日ドラゴンズのピッチャーだった浅尾拓也選手。二〇一〇年、二〇一一年と二年連続最優秀中継ぎ投手に輝き、また二〇一一年にリーグMVP、ゴールデン・グラブ賞を受賞し、球団史上初のリーグ連覇に大きく貢献しました。浅尾拓也選手は私が思うに、防衛的悲観主義者。ある時、このようなことを言っておりました。

よく「日付が変わったら、切り替えろ」と言われますが、日付が変わった時点ではあまり変わりません（笑）。寝て、起きて、球場に行って、次に投げる瞬間まで打たれたことをずっと考えていますね。「次はやってやる」という気持ちに変わるのは、登板直前。すぐに切り替えてやれるタイプもいるでしょうけど、ミスから学ばなかったら意味がない。反省して、同じような失敗を繰り返さないように、ずっと記憶に残している部分はありますね。（〈ドラゴンズ浅尾が、マイナス思考にふける理由――最強の守護神に学ぶ、失敗との向き合い方〉[59]）

イメージトレーニングについても、浅尾拓也選手は一般的な方法とは異なるようです。多くのアスリートは、プラスの内容を頭に思い浮かべますが、浅尾拓也選手は、「ネガティブ思考」にふけります。

「このバッターにはヒットを打たれて、バントで送られて」という状況を頭に置いておきます。そうすると、実際のマウンドで冷静になれるんですよ。「このバッターにフォアボールを出しても、まだこの状況だから」と頭に入れておきますね、つねに。

リスクを想定しておけば、難しい状況が訪れても対処法を考え出すことができる、と言うのです。防衛的悲観主義者は「前にもうまくいったし、今度もうまくいく」とは決して片づけません。何でも悪いほうへ予想するのですが、考えられる限りのネガティブな結果を具体的に想像することによって、おのずとやるべきことは見えてきます。悪い事態を予想することで不安になりますが、そうした不安を逆に利用し、モチベーションを高めているのです(「想定される失敗が起きないように、頑張ろう!」といった具合に)。

やるべきことが定まった防衛的悲観主義の人には、もう迷いはありません。あとはただやるべきことに集中するだけのことです。その時には不安のこともすっかり忘れているでしょう。

そうして用意周到な準備ができた防衛的悲観主義の人は文字通り、「何が起きても大丈夫」という自信のもとで、積極的な態度で本番を迎えることができます。どんな事態が起きても、それに対処すべき青写真が頭の中にクリアに入っていますので、何も恐れることはありません。まさに不安に打ち勝った瞬間なのです。

悲観的思考をやめてみると

ところで、防衛的悲観主義の人が、こうした悲観的思考をやめたらどうなるのでしょうか。たとえば、これから重要な場面（試験、面接、試合など）を迎える防衛的悲観主義の人に「クヨクヨするな。ポジティブに考えよう！　きっとうまくいくよ」と勇気づけたとします。あるいは悲観的思考から離れさせるために、何か気晴らしをさせたとします。それでもこれまでと同じように、あるいはこれまで以上のパフォーマンスを成し遂げることができるのでしょうか。

それでは、そのことを調べた実験[60]を紹介します。

この実験では、あらかじめ質問紙によって抽出された防衛的悲観主義者と楽観主義者に参加してもらいました。参加者は、「コーピング・イマジナリー」「マスタリー・イマジナリー」、そして「リラクゼーション」の三つの条件のどれかに割り当てられ、それぞれ異なるイメージ・トレーニングを行った後に、ダーツの成績を競い合ってもらいました。

「コーピング・イマジナリー」条件とは、パフォーマンスのすべての場面を想定させ、さらにどんな

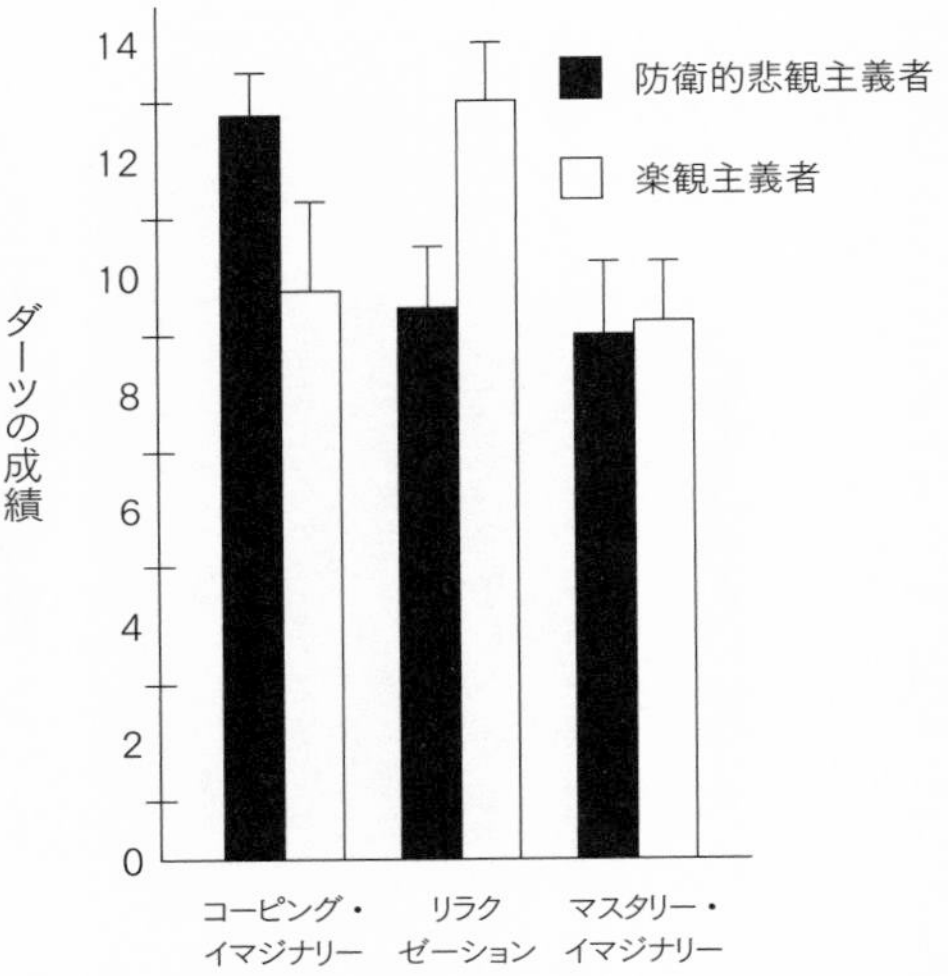

図7-3　防衛的悲観主義者と楽観主義者の各条件によるパフォーマンス得点[60]

ミスをしそうか、もしそのミスをしたら、どうやってそれをリカバーするのかまで思い描かせる条件です。普段、防衛的悲観主義の人が使っている方略です。浅尾拓也選手もこの方法を用いています。

「マスタリー・イマジナリー」条件とは、「マスタリー・イメージのテープ」を聞かせることによって、完璧なパフォーマンスを鮮明に想像させる条件です。スポーツ選手が本番前に頭の中で完璧な動きをイメージ・トレーニングすると、それに対応する運動機能が強化されて、より自然に正確な動きが出せ、より良いパフォーマンスにつながるといいますが、そのテクニックによく似ています。多くのスポーツ選手は、このマスタリー・イマジナリーを使っているのではないでしょうか。

最後に「リラクゼーション」条件とは、パフォーマンスについての思考からは離れ、筋肉をすみずみまで弛緩させ、くつろがせる条件です。ここでは、太陽の輝く南国のビーチで、温かい砂に身を沈めている場面を思い描かせるような「リラクゼーション・イメージのテープ」を聞いてもらいました。このテクニックもスポーツ選手のパフォーマンスを向上させるためによく使われるもので、そこでは、癒しの音楽を聴いたり、リラックスしている自分の姿を思い描いたりします。

それでは、結果です。図７－３をご覧ください。防衛的悲観主義者は「コーピング・イマジナリー」条件において、楽観主義者は「リラクゼーション」条件において、ダーツの成績が最も良かったのです。そして、ダーツの成績自体には、両者で差が見られなかったことも明らかになっています。つまり、防衛的悲観主義者が楽観主義者にパフォーマンスで劣るということではないのです。

「ポジティブに」ばかりでも……

この実験結果からわかったことは、防衛的悲観主義の人は楽観的になるとできが悪くなり、悲観的なままでいるときはできが良いということです。ポジティブだと皆が皆うまくいくわけではないのです。

同様に、楽観主義の人に、これから起こる出来事を悪いほうに想像し、洗いざらいディテールを思い描くやり方をさせると、途端にパフォーマンスが下がります。同様の結果は、日常場面のパフォーマンス（学校でのテストの成績）を指標とした研究[61]においても、見られています。

高いパフォーマンスを収めるためには、積極的になることが大切です。しかし、防衛的悲観主義の人のように、つねに物事を悲観的にとらえる人に「ポジティブに考えようぜ」と言っても、ポジティブに考えられるはずがありませんし、不安なときに無理にポジティブに考えようとすると、裏目に出やすいのです（実験で、それが証明されました）。

楽観主義者と防衛的悲観主義者とでは、目標に向かう際の心理状態が大きく違います。楽観主義者は不安を感じることが少なく、防衛的悲観主義者は不安を持ちやすいのです。楽観主義者は、不安をよせつけない方略を必要とし、防衛的悲観主義者は、不安を効果的にコントロールする方略が欲しいのです。

そこで、前者には、あまり考えたり悩んだりしないような方略がベストであるし、後者には、予想できる最悪の事態を想像し、それを避ける最大限の努力をする方略がぴったりということになります。高いパフォーマンスを収めるためには、本番での不安への対処の仕方が鍵となります。そして、不安に効果的に対処するためには、自分に合った方略を選択することが重要になってくるのです。

最強の自分へ！

この章では、第1章から第6章まで見てきた、さまざまな要因（目標設定と実行、フィードバック、有能感、比べること、不安）がモチベーションやパフォーマンスに及ぼす影響が、個人のタイプによって異なることについて、実験や調査を交えてみてきました。

このことから言えることは、一つのやり方（たとえば、成功フィードバックやポジティブ思考）が万能とはなりえない、ということです。人はそれぞれ違うのですから、ある人に効くものも、別の人には効かないかもしれません。効かないどころか、逆効果になることもあり得ます。

この章では、個人のタイプ（促進焦点のタイプなのか、防止焦点のタイプなのか、あるいは、楽観主義なのか悲観主義なのか）によって、モチベーションやパフォーマンスを高める効果的なやり方が違う、ということをみてきました。

ところで、この章のページの多くを促進焦点と防止焦点の個人差について割いて見てきましたが、促進焦点と防止焦点のそれぞれの状況を、一時的に作り出すこともできます。[62] たとえば、防止焦点のタイプの人であっても、「こうありたい」といった理想とする姿を考えさせると、一時的にではありますが、促進焦点が活性化されるのです。同様に、促進焦点のタイプの人であっても、「こうしなければならない」といった義務を考えさせると、一時的に、防止焦点が活性化されるのです。つまり、状況が個人差（促進焦点のタイプ、防止焦点のタイプ）を凌駕するのです。こうした特徴を上手に使うと、パフォーマンスの向上に役立たせることができるかもしれません。

モチベーションやパフォーマンスを高めるためには、どのような文脈でどのようなやり方を使うとより効果的であるのか、私たちは正確に理解する必要があります。それとともに、自分自身（あるいは学習者）がどのようなタイプなのかを見極める必要がありますし、自分自身（あるいは学習者）が置かれている状況がどのような状況なのかを見極める必要があります。

人は一人一人異なります。また、置かれている状況も刻々と変わっていきます。ある目標達成に向けて、その準備段階にいるのか、まさに今、パフォーマンスの最中であるのかによっても、効果的なやり方は異なってきます。今現在の置かれている状況を適切に見極め、自身（あるいは学習者）のタイプを考慮し、それに応じたやり方を用いる時に、私たちは、最大限のパフォーマンスを発揮することができます。

最強の自分は、あなたの心の中にいるのです！

引用文献

[第1章]

1 Morisano, D., Hirsh, J.B., Peterson, J.B., Pihl, R.O., & Shore, B.M. (2010). Setting, elaborating, and reflecting on personal goals improves academic performance. *Journal of Applied Psychology, 95,* 255-264.

2 Unsworth, K., Yeo, G., & Beck, J. (2014). Multiple goals: A review and derivation of general principles. *Journal of Organizational Behavior, 35,* 1064-1078.

3 Oettingen, G. (2014). *Rethinking positive thinking: Inside the new science of motivation*. New York: Current.

4 Oettingen, G., Pak, H-J., & Schnetter, K. (2001). Self-regulation of goal-setting: Turning free fantasies about the future into binding goals. *Journal of Personality and Social Psychology, 80,* 736-753.

[第2章]

5 ウォルター・ミシェル、柴田裕之訳（二〇一七）。『マシュマロ・テスト―成功する子・しない子』早川書房。

6 Baumeister, R.F., Bratslavsky, E., Muraven, M., & Tice, D.M. (1998). Ego depletion: Is the active self a limited resource? *Journal of Personality and Social Psychology, 74,* 1252-1265.

7 Gollwitzer, P.M. (1999). Implementation intentions: Strong effects of simple plans. *American Psychologist, 54,* 493-503.

8 Achtziger, A., Bayer, U.C., & Gollwitzer, P.M. (2012). Committing to implementation intentions: Attention and memory effects for selected situational cues. *Motivation & Emotion, 36,* 287-300.

9 Gollwitzer, P.M., & Oettingen, G. (2011). Planning promotes goal striving. In K.D. Vohs & R.F. Baumeister (Eds.),

Handbook of self-regulation: Research, theory, and applications (2nd Edition). New York: Guilford Press.

10 Gollwitzer, P.M., & Schaal, B. (1998). Metacognition in action: The importance of implementation intentions. *Personality and Social Psychology Review, 2,* 124-136.

[第3章]

11 Hattie, J., & Timperley, H. (2007). The power of feedback. *Review of Educational Research, 77,* 81-112.

12 Balzer, W.K., Doherty, M.E., & O'Connor, R., Jr. (1989). Effects of cognitive feedback on performance. *Psychological Bulletin, 106,* 410-433.

13 Winstein, C.J., & Schmidt, R.A. (1990). Reduced frequency of knowledge of results enhances motor skill learning. *Journal of Experimental Psychology: Learning, Memory, and Cognition, 16,* 677-691.

14 Schmidt, R.A., Lange, C., & Young, D.E. (1990). Optimizing summary knowledge of results for skill learning. *Human Movement Science, 9,* 325-348.

15 Salmoni, A.W., Schmidt, R.A., & Walter, C.B. (1984). Knowledge of results and motor learning: A review and critical reappraisal. *Psychological Bulletin, 95,* 355-386.

16 外山美樹（二〇一三）。「運動学習における結果の知識と自己評価の効果　協応運動課題を用いて」『心理学研究』八四、四三六－四四二。

17 Koo, M., & Fishbach, A. (2008). Dynamics of self-regulation: How (un) accomplished goal actions affect motivation. *Journal of Personality and Social Psychology, 94,* 183-195.

[第4章]

18 Marsh, H.W. (1987). The big-fish-little-pond effect on academic self-concept. *Journal of Educational Psychology, 79,*

280-295.

19 外山美樹（二〇〇八）。「教室場面における学業的自己概念　井の中の蛙効果について」『教育心理学研究』五六、五六〇－五七四。

20 White, R.W. (1959). Motivation reconsidered: The concept of competence. *Psychological Review, 66,* 297-333.

21 Marsh, H.W. (1991). Failure of high-ability high schools to deliver academic benefits commensurate with their students' ability levels. *American Educational Research Journal, 28,* 445-480.

22 Marsh, H.W., Kong, C.-K., & Hau, K.-T. (2000). Longitudinal multilevel models of the big-fish-little-pond effect on academic self-concept: Counterbalancing contrast and reflected-glory effects in Hong Kong schools. *Journal of Personality and Social Psychology, 78,* 337-349.

23 外山美樹（二〇〇四）。「中学生の学業成績と学業コンピテンスの関係に及ぼす友人の影響」『心理学研究』七五、二四六－二五三。

24 Skaalvik, E.M., & Skaalvik, S. (2002). Internal and external frames of reference for academic self-concept. *Educational Psychologist, 37,* 233-244.

25 Rosenthal, R., & Jacobson, L. (1968). *Pygmalion in the classroom: Teacher expectation and pupils' intellectual development.* New York: Holt, Rinehart & Winston.

26 Tesser, A., Campbell, J., & Smith, M. (1984). Friendship choice and performance: Self-evaluation maintenance in children. *Journal of Personality and Social Psychology, 46,* 561-574.

27 Beach, S.R.H., Tesser, A., Fincham, F.D., Jones, D.J., Johnson, D., & Whitaker, D.J. (1998). Pleasure and pain in doing well, together: An investigation of performance-related affect in close relationships. *Journal of Personality and Social Psychology, 74,* 923-938.

[第5章]
28 Ruble, D.N., Boggiano, A.K., Feldman, N.S., & Loebl, J.H. (1980). Developmental analysis of the role of social comparison in self-evaluation. *Developmental Psychology, 16,* 105-115.
29 Lockwood, P., & Kunda, Z. (1999). Increasing the salience of one's best selves can undermine inspiration by outstanding role models. *Journal of Personality and Social Psychology, 76,* 214-228.
30 Festinger, L. (1954). A theory of social comparison processes. *Human Relations, 7,* 117-140.
31 Lockwood, P., & Kunda, Z. (1997). Superstars and me: Predicting the impact of role models on the self. *Journal of Personality and Social Psychology, 73,* 91-103.
32 外山美樹（二〇〇六）。「中学生の学業成績の向上に影響を及ぼす社会的比較」『東京成徳大学臨床心理学研究』六、一〇－二二。
33 Collins, R.L. (1996). For better or worse: The impact of upward social comparison on self-evaluations. *Psychological Bulletin, 119,* 51-69.
34 Monteil, J-M., & Huguet, P. (1999). *Social context and cognitive performance: Towards a social psychology of cognition.* Hove, East Sussex, UK: Psychology Press.
35 外山美樹（二〇〇九）。「社会的比較が学業成績に影響を及ぼす因果プロセスの検討　感情と行動を媒介にして」『パーソナリティ研究』一七、一六八－一八一。
36 外山美樹（二〇〇六）。「中学生の学業成績の向上に関する研究　比較他者の遂行と学業コンピテンスの影響」『教育心理学研究』五四、五五－六二。
37 外山美樹（二〇〇七）。「中学生の学業成績の向上における社会的比較と学業コンピテンスの影響　遂行比較と学習比較」『教育心理学研究』五五、七二－八一。

[第6章]

38 羽生善治（二〇〇五）。『決断力』角川書店。

39 Hardy, L. (1990). A catastrophe model of performance in sport. In J.G. Jones & L. Hardy (Eds.), *Stress and performance in sport*. Chichester, West Sussex, UK: Wiley.

40 Beilock, S.L., & DeCaro, M.S. (2007). From poor performance to success under stress: Working memory, strategy selection, and mathematical problem solving under pressure. *Journal of Experimental Psychology: Learning, Memory, and Cognition, 33,* 983-998.

41 Gimmig, D., Huguet, P., Caverni, J-P., & Cury, F. (2006). Choking under pressure and working memory capacity: When performance pressure reduces fluid intelligence. *Psychonomic Bulletin & Review, 13,* 1005-1010.

42 Hickman, D.C., & Metz, N.E. (2015). The impact of pressure on performance: Evidence from the PGA TOUR. *Journal of Economic Behavior & Organization, 116,* 319-330.

43 Beilock, S.L., & Carr, T.H. (2005). When high-powered people fail: Working memory and “choking under pressure” in math. *Psychological Science, 16,* 101-105.

44 矢内由美子「〈ロンドンでの苦闘、絶対王者が告白〉 内村航平『オリンピックには魔物がいた』」Sports Graphic Number Web〈https://number.bunshun.jp/articles/-/314841〉

45 Gooding, A., & Gardner, F.L. (2009). An investigation of the relationship between mindfulness, preshot routine, and basketball free throw percentage. *Journal of Clinical Sport Psychology, 3,* 303-319.

[第7章]

46 Higgins, E.T. (1997). Beyond pleasure and pain. *American Psychologist, 52,* 1280-1300.

47 Higgins, E.T. (2008). Regulatory fit. In J.Y. Shah & W.L. Gardner (Eds.), *Handbook of Motivation Science.* New

York: Guilford Press.
48 Spiegel, S., Grant-Pillow, H., & Higgins, E.T. (2004). How regulatory fit enhances motivational strength during goal pursuit. *European Journal of Social Psychology, 34*, 39-54.
49 Idson, L.C., & Higgins, E.T. (2000). How current feedback and chronic effectiveness influence motivation: Everything to gain versus everything to lose. *European Journal of Social Psychology, 30*, 583-592.
50 外山美樹・湯立・長峯聖人・三和秀平・相川充（二〇一七）。「プロセスフィードバックが動機づけに与える影響　制御焦点を調整変数として」『教育心理学研究』六五、三二一－三三二。
51 Vallerand, R.J., & Reid, G. (1988). On the relative effects of positive and negative verbal feedback on males' and females' intrinsic motivation. *Canadian Journal of Behavioural Science, 20*, 239-250.
52 Kilduff, G.J., Elfenbein, H.A., & Staw, B.M. (2010). The psychology of rivalry: A relationally dependent analysis of competition. *Academy of Management Journal, 53*, 943-969.
53 長峯聖人・外山美樹・湯立・三和秀平・肖雨知・相川充（二〇一九）。「制御焦点とライバル関係との関連　ライバルによる理想自己の顕在化と動機づけの生起を考慮して」『教育心理学研究』六七、一六二－一七四。
54 Converse, B.A., & Reinhard, D.A. (2016). On rivalry and goal pursuit: Shared competitive history, legacy concerns, and strategy selection. *Journal of Personality and Social Psychology, 110*, 191-213.
55 Aaker, J.L., & Lee, A.Y. (2001). "I" seek pleasures and "we" avoid pains: The role of self-regulatory goals in information processing and persuasion. *Journal of Consumer Research, 28*, 33-49.
56 三和秀平・外山美樹・長峯聖人・湯立・相川充（二〇一七）。「制御焦点の違いが上方比較後の動機づけおよびパフォーマンスに与える影響」『教育心理学研究』六五、四八九－五〇〇。
57 Seligman, M.E.P. (1990). Why is there so much depression today? The waxing of the individual and the waning of the commons. In R.E. Ingram (Ed.), *Contemporary psychological approaches to depression*. New York: Plenum Press.

58 Norem, J.K., & Cantor, N. (1986). Anticipatory and post hoc cushioning strategies: Optimism and defensive pessimism in "risky" situations. *Cognitive Therapy and Research, 10*, 347-362.

59 中島大輔「ドラゴンズ浅尾が、マイナス思考にふける理由――最強の守護神に学ぶ、失敗との向き合い方」東洋経済ONLINE〈https://toyokeizai.net/articles/-/16069〉

60 Spencer, S.M., & Norem, J.K. (1996). Reflection and distraction: Defensive pessimism, strategic optimism, and performance. *Personality and Social Psychology Bulletin, 22*, 354-365.

61 外山美樹（二〇〇五）。「認知的方略の違いがテスト対処方略と学業成績の関係に及ぼす影響―防衛的悲観主義と方略的楽観主義」『教育心理学研究』五三、二二〇－二二九。

62 Higgins, E.T., Idson, L.C., Freitas, A.L., Spiegel, S., & Molden, D.C. (2003). Transfer of value from fit. *Journal of Personality and Social Psychology, 84*, 1140-1153.

あとがき

「一般の読者向けのパフォーマンスに関する本を書き上げる」という私の喫緊の目標は、ただいまをもって達成されました！　第1章で述べましたが、やはり、目標が達成されたときには、達成感や喜びを感じ、それらがさらなる目標達成に向けての原動力になるものだと実感しております。ただし、「読者のみなさんが人生をいきいきと生き抜くためのヒントを得られるような本を書く」という目標が達成できたのかは、わかりません。そのように書いたつもりだったのですが、読者のみなさんの感想はいかがだったでしょうか。これにつきましては、具体的な感想やコメントをお届けいただけましたら幸いです。

ここ数年、私はパフォーマンスに関する研究を行ってきました。それは、どんなに練習や努力を積み重ねても、本番では力を発揮することが困難である人々をたくさん見てきたからです。そして、私自身も本番に弱いほうだと思っています。なぜ、その人たちは実力があるにもかかわらず、その力を発揮できなかったのでしょうか。実力を発揮できる人とそうでない人の違いは何でしょうか。能力そのものを直ちに向上させることは不可能であるにしても、少なくとも、自身の力を最大限に発揮するためには、どのようにしたらよいのでしょうか。そういった疑問から研究を積み重ねてきました。研究を行うことで、自身の心の持ちようなど、ちょっとしたことでパフォーマンスが劇的に変わる事実に次々に触れ、この事実を是非多くの方々に知ってもらいたいと思いました。

そのように思っていた矢先のことです。二年ほど前に、講談社の石川心さんに、一般の読者向けのパフォーマンス（実力発揮）に関する本を書いてみないかとのお誘いの声をかけていただきました。このような機会をいただきまして心よりお礼を申し上げます。モチベーションを研究している私が情けない話なのですが（だからこそ、モチベーションの研究をしているのですが）、なかなか原稿が進まず行き詰まっていることも多々ありました。そのような時、石川さんはプレッシャーをかけるわけでもなく、上手に私のモチベーションを高めてくれました。用件を伝えるメールには、私が興味をひく内容（最近見た映画の感想など）が添えられていたり、春には綺麗な桜の写真が添えられていたりしたこともありました。人はちょっとしたことでモチベーションが高まり（逆もしかりです）、その結果として、パフォーマンスが向上するものですね。最大限のパフォーマンスを発揮するには、個々人の力では限界があり、他者からのサポートが重要になってくることを痛感したものです。温かくそして適切なサポートがなければ、スムーズにこの本を世に送り出すことはできなかったと思います。心より感謝のことばを申し上げます。

なお、本書の執筆に当たっては、多くの方々の研究や書物を参考にさせていただきました。ここに記して謝意を表します。ただ、著者の力不足のために不備な個所が多々あるかと存じます。忌憚《きたん》のないご意見をいただけましたら、たいへんありがたく思います。

最後になりましたが、いつも私に惜しみないサポートを与えてくれるパートナーに感謝を捧げます。この書籍の原稿を何度も丁寧に見てくれ、時には辛辣な意見も言ってくれました。本書は、そうしたパートナーとの共同作業の結果であると思っています。また、私のモチベーションのもっとも大きな原動力となっています、もうすぐ十一歳になる愛娘に本書を捧げます。

二〇一九年九月

外山美樹

外山美樹（とやま・みき）
一九七三年宮崎県生まれ。筑波大学大学院博士課程心理学研究科中退。博士（心理学）。現在、筑波大学人間系准教授。専攻は教育心理学。著書に、『行動を起こし、持続する力――モチベーションの心理学』（新曜社）『やさしい発達と学習』（共著、有斐閣アルマ）『モティベーションをまなぶ12の理論』（共著、金剛出版）など。

実《じつ》力《りょく》発《はっ》揮《き》メソッド

パフォーマンスの心理《しんり》学《がく》

二〇二〇年　二月一〇日　第一刷発行

著者　外山《とやま》美樹《みき》

発行者　渡瀬昌彦

発行所　株式会社 講談社

東京都文京区音羽二丁目一二―二一　〒一一二―八〇〇一

電話（編集）〇三―三九四五―四九六三

（販売）〇三―五三九五―四四一五

（業務）〇三―五三九五―三六一五

装幀者　奥定泰之

本文データ制作　講談社デジタル製作

本文印刷　株式会社 新藤慶昌堂

カバー・表紙印刷　半七写真印刷工業 株式会社

製本所　大口製本印刷 株式会社

ISBN978-4-06-518695-4　Printed in Japan

N.D.C.371.4　172p　19cm

講談社選書メチエの再出発に際して

講談社選書メチエの創刊は冷戦終結後まもない一九九四年のことである。長く続いた東西対立の終わりはついに世界に平和をもたらすかに思われたが、その期待はすぐに裏切られた。超大国による新たな戦争、吹き荒れる民族主義の嵐……世界は向かうべき道を見失った。そのような時代の中で、書物のもたらす知識が一人一人の指針となることを願って、本選書は刊行された。

それから二五年、世界はさらに大きく変わった。特に知識をめぐる環境は世界史的な変化をこうむったとすら言える。インターネットによる情報化革命は、知識の徹底的な民主化を推し進めた。誰もがどこでも自由に知識を入手でき、自由に知識を発信できる。それは、冷戦終結後に抱いた期待を裏切られた私たちのもとに差した一条の光明でもあった。

その光明は今も消え去ってはいない。しかし、私たちは同時に、知識の民主化が知識の失墜をも生み出すという逆説を生きている。堅く揺るぎない知識も消費されるだけの不確かな情報に埋もれることを余儀なくされ、不確かな情報が人々の憎悪をかき立てる時代が今、訪れている。

この不確かな時代、不確かさが憎悪を生み出す時代にあって必要なのは、一人一人が堅く揺るぎない知識を得、生きていくための道標を得ることである。

フランス語の「メチエ」という言葉は、人が生きていくために必要とする職、経験によって身につけられる技術を意味する。選書メチエは、読者が磨き上げられた経験のもとに紡ぎ出される思索に触れ、生きるための技術と知識を手に入れる機会を提供することを目指している。万人にそのような機会が提供されたとき初めて、知識は真に民主化され、憎悪を乗り越える平和への道が拓けると私たちは固く信ずる。

この宣言をもって、講談社選書メチエ再出発の辞とするものである。

二〇一九年二月　　野間省伸